INDÚSTRIA 4.0

Conselho editorial

Angela Christina Lucas – Universidade Estadual de Campinas (Unicamp)

Eleandro Adir Philippsen – Universidade Estadual de Goiás (IQ-UEG)

Fernando Uhlmann Soares – Instituto Federal Goiano (IFG-RV)

Jordão Horta Nunes – Universidade Federal de Goiás (FCS-UFG)

Juliana Alves de Araújo Bottechia – Secretaria de Educação do Distrito Federal (SEEDF)

Luciano Rezende Moreira – Instituto Federal de Brasília (IFB)

Marcos Bueno – Universidade Federal de Catalão (UAEG-UFCAT)

Rafael Grohmann – Universidade do Vale do Rio dos Sinos (Unisinos)

Remi Castioni – Universidade de Brasília (FE-UNB)

Rodrigo Bombonati de Souza Moraes – Universidade Federal de Goiás (UFG-RG)

Sérgio Barroca – Universidade Federal de Goiás (FACE-UFG)

Tânia Casado – Universidade de São Paulo (FEA-USP)

Revisão técnica

Rodrigo Bombonati de Souza Moraes – Universidade Federal de Goiás (UFG-RG)

Rodrigo Bombonati de Souza Moraes
(Org.)

INDÚSTRIA 4.0
Impactos sociais e profissionais

Indústria 4.0: Impactos sociais e profissionais

Rodrigo Bombonati de Souza Moraes (Org.)

© 2021 Editora Edgard Blücher Ltda.

Publisher Edgard Blücher
Editor Eduardo Blücher
Coordenação editorial Bonie Santos
Produção editorial Isabel Silva, Luana Negraes
Preparação de texto Ana Maria Fiorini
Diagramação Guilherme Henrique
Revisão de texto Cristine Akemi
Capa Leandro Cunha
Imagem da capa iStockphoto

Blucher

Rua Pedroso Alvarenga, 1245, 4º andar
04531-934 – São Paulo – SP – Brasil
Tel.: 55 11 3078-5366
contato@blucher.com.br
www.blucher.com.br

Segundo Novo Acordo Ortográfico, conforme 5. ed. do *Vocabulário Ortográfico da Língua Portuguesa*, Academia Brasileira de Letras, março de 2009.

É proibida a reprodução total ou parcial por quaisquer meios sem autorização escrita da editora.

Todos os direitos reservados pela Editora Edgard Blücher Ltda.

Dados Internacionais de Catalogação na Publicação (CIP)
Angélica Ilacqua CRB-8/7057

Indústria 4.0 : impactos sociais e profissionais / organização de Rodrigo Bombonati de Souza Moraes. – 1. ed. – São Paulo : Blucher, 2021.
120 p. il.

Bibliografia
ISBN 978-65-5506-051-5 (impresso)
ISBN 978-65-5506-050-8 (eletrônico)

1. Indústria 4.0 2. Revolução industrial 3. Inovações tecnológicas 4. Automação industrial 5. Internet das coisas 6. Tecnologia da informação. I. Título. II. Moraes, Rodrigo Bombonati de Souza.

20-0444   CDD 338.09

Índices para catálogo sistemático:
1. Engenharia de produção : Pesquisa operacional

[...] saberíamos muito mais das complexidades da vida se nos aplicássemos a estudar com afinco as suas contradições em vez de perdermos tempo com as identidades e as coerências, que essas têm obrigação de explicar-se por si mesmas.

José Saramago, *A caverna*

Dedicamos este livro aos trabalhadores e às trabalhadoras, de todas as profissões, impactados(as) pelas transformações tecnológicas, social e profissionalmente.

Conteúdo

PREFÁCIO 13
José Pacheco

APRESENTAÇÃO 19
Rodrigo Bombonati de Souza Moraes

1. PANÓPTICO 4.0: UMA REVOLUÇÃO CONSERVADORA 23
Marcelo Bordin, Maria Izabel Machado

    Introdução 23

    Desenvolvimento 24

    Considerações finais 30

    Referências 31

2. OS VALORES HUMANOS E O PERFIL DO PROFISSIONAL: DESAFIOS PARA UMA ÉTICA PROFISSIONAL EFETIVA 33
Luiz Lapa

    Introdução 33

    A Indústria 4.0: "pensar globalmente, produzir localmente" 34

    A teoria de valores humanos de Schwartz 35

Ética profissional e valores humanos 37

Valores humanos e o perfil do profissional em tempos de Indústria 4.0 39

Considerações finais 40

Referências 41

3. A TECNOLOGIA E SEUS IMPACTOS NAS ÁREAS FUNCIONAIS DA ADMINISTRAÇÃO 45

Rodrigo Bombonati de Souza Moraes, Marco Antonio Gonsales de Oliveira, André Accorsi

Introdução 45

A tecnologia e as finanças 46

A tecnologia e o marketing 48

A tecnologia na produção e as *smart factories* 49

A logística 4.0 53

Recursos humanos: quem apaga a luz? 55

Considerações finais 58

Referências 58

4. A TECNOLOGIA NA PROFISSÃO DA CIÊNCIA DA COMPUTAÇÃO 61

Cinthia Obladen de Almendra Freitas, Paulo Henrique Santana de Oliveira

Introdução 61

A tecnologia como ferramental da ciência da computação 63

    Alguns questionamentos válidos 63

    Sistemas operacionais e linguagens de programação 70

    O valor da informação 71

A influência da ciência da computação na sociedade da informação 74

Considerações finais 75

Referências 76

5. A "TECNOLOGIZAÇÃO" DA VIDA E A FORMAÇÃO DE PROFESSORES 81

Cynthia Maria Jorge Viana, Luciana Ponce Bellido

Introdução 81
Tecnologia, ideologia e educação 82
Um olhar para a formação de professores 87
Referências 89

6. A TECNOLOGIA NA PROFISSÃO DA PSICOLOGIA: SUBJETIVIDADES MIDIÁTICAS 91

Simone Leão Lima Pieruccetti

Introdução 91
Desenvolvimento 92
    O ciberespaço cultural 92
    Subjetividade midiática ativa 94
    Ser na mídia enquanto possibilidade existencial 95
Considerações finais 97
Referências 97

7. EDUCAÇÃO PARA O MUNDO DO TRABALHO NA INDÚSTRIA 4.0 99

Juliana Alves de Araújo Bottechia

Introdução 99
A cultura do mundo do trabalho 100
O modelo dual: educação e Indústria 4.0 102
O mundo do trabalho e a educação para a Indústria 4.0 105
Horizontes 110
Referências 111

SOBRE OS AUTORES 113

Prefácio

Manifesto gratidão à minha amiga Juliana [Bottechia, autora],[1] por me ter dado ensejo de uma leitura de "avisos" fundados numa ciência prudente. E quero acreditar que os leitores façam jus a esta obra. Não se trata de mais um livro a juntar a tantos outros que atafulham os arquivos das universidades, sem serventia. Porque a formação de profissionais do desenvolvimento (e envolvimento) humano continua imersa em equívocos.

Continuamos cativos de um modelo de formação cartesiano, que impede um *re-ligare* essencial. Sabemos que um formador não ensina aquilo que diz, mas transmite aquilo que é, veicula competências de que está investido. Mas ainda há quem ignore a existência do princípio do isomorfismo na formação, quem creia que a teoria precede a prática, quem considere o formando como objeto de formação, quando este deveria ser tomado como sujeito em autotransformação, no contexto de uma equipe, com um projeto. Prevalecem práticas carentes de comunicação dialógica, culturas de formação individualistas, de competitividade negativa, em que está ausente o trabalho em equipe.

O mestre Morin fala da necessidade de uma metamorfose, de uma reforma moral, lograda por meio de profundas mudanças no modo de educar e de economia ecológica e solidária. Adotemos o princípio kantiano, que nos diz que o objetivo principal da educação é o de *desenvolver em cada indivíduo toda a perfeição de que ele seja capaz.*

A "Carta das responsabilidades humanas"[2] diz que a humanidade, em toda a sua diversidade, pertence ao mundo vivo e participa de sua evolução, sendo seu destino

---

1 As notas dos organizadores estão entre colchetes.
2 ALIANÇA PARA UM MUNDO RESPONSÁVEL, PLURAL E SOLIDÁRIO. *Carta das responsabilidades humanas*, 13 nov. 2007. Acesso em: 24 abr. 2020. Disponível em: https://base.socioeco.org/docs/crh_portuguese_brasil_aout08.pdf.

inseparável do destino deste. Propõe princípios gerais, que podem servir de base para um novo pacto social. E Agostinho da Silva diz que *o que importa não é educar, mas evitar que os seres humanos se deseduquem*.[3]

> Embotados os sentidos, o homem moderno parece perdido em meio à incapacidade de ver seus desejos reais respaldados em uma cultura justa [...] a medida da felicidade parece pautar-se, pela técnica, na espetacularização, no imediatismo e no consumismo que, em muitos aspectos, acabam regendo a vida humana. Diante dessa situação de passividade ativa, os sujeitos se eximem da responsabilidade de conduzirem a própria vida, e quanto mais o pensamento estiver rebaixado, mais a ideologia como mentira sedimenta a sociedade atual industrializada e espetacularizada. [ver no Capítulo 5 deste livro]

Num mundo em que imperam princípios de disjunção, de redução, de abstração – o que Morin designava de "paradigma da simplificação" –, um pensamento simplificador impede a conjunção do uno e do múltiplo, anula a diversidade. O paradigma humanista predomina nos documentos de política educativa. A adoção de determinado paradigma educacional, e a consequente assunção de uma prática pedagógica, não é neutra. Reflete a opção por um determinado tipo de vida em sociedade, de visão de mundo.

> O processo de crescimento da chamada Indústria 4.0 (ou quarta revolução industrial) impulsionará a internet, as tecnologias digitais e as ciências quânticas para evoluir nos sistemas ciberfísicos, tecnologia de nuvem, internet das coisas, internet de serviços, e sua integração e interação com as pessoas. [ver Capítulo 2]

Estamos em plena quarta revolução industrial. Em breve, poderemos dispor trivialmente de uma impressão 3D, com a qual poderemos fabricar objetos sem sair de casa. Mas a exploração espacial conduzirá à criação de fábricas no espaço, produzindo objetos mais baratos, sob o efeito da gravidade zero... Milhares das atuais profissões desaparecerão. A energia solar descentralizada e outras energias renováveis e limpas substituirão o uso de combustíveis fósseis. A internet das coisas e sensores de controle facilitarão tarefas domésticas e a vida em comum. O wi-fi planetário fará do mundo uma pequena aldeia. O carro autônomo, a robótica e o desenvolvimento exponencial da inteligência artificial poderão substituir o ser humano em múltiplas situações.

O fenômeno do desgaste emocional, da desmotivação dos professores, talvez seja sintoma do final de um tempo. Perante um preocupante cenário, a Organização Mundial da Saúde (OMS) reconhece a profissão de professor como uma das de maior risco e a Organização para a Cooperação e Desenvolvimento Econômico (OCDE) promove

---

[3] Cf. PACHECO, José. O Canto do Cisne. In: CORDEIRO, Denilson Soares; FURTADO, Joaci Pereira. *Arte da aula*. São Paulo: Sesc São Paulo, 2019.

cimeiras sobre o bem-estar dos professores. Porém, o que se discute nesses encontros é a manutenção de um profundo mal-estar. O secretário-geral, David Edwards, afirmou que "não se deve perder a oportunidade de colocar o bem-estar dos professores no centro das políticas de todos os países" e que o bem-estar dos professores terá de ser percebido como "um tema político de primordial importância" (VIANA, 2018).[4]

Sêneca disse: *non scholae, sed vitae est docendum*. Não ensinar "para", mas ensinar "com" – ou seja, ensinar "na vida", e não "para a vida". É no *hic et nunc* da humana existência que a educação acontece, pois sabemos que o professor não ensina aquilo que diz, mas transmite aquilo que é. E se o paradigma funcionalista sublinha a dependência do indivíduo relativamente ao grupo, numa perspectiva de conflito é preciso realçar a interdependência entre indivíduo e grupo, as interações no interior do grupo, bem como as transformações que impelem a novas formas de pensamento e de ação; é preciso associar ao conceito de pensamento divergente o de complexidade, o levar em linha de conta as complementaridades, os antagonismos, as tensões. Divergência entendida como reflexão-ação única, irrepetível e irreversível. Esta irreversibilidade original pressupõe a tensão, o conflito que provoca evolução. Existe evolução na oposição, na complementaridade de reflexões e de ações divergentes. É dos antagonismos que emergem novas propriedades. Em suma, a formação deverá contemplar a humanidade dos educadores, sendo coerente com a indivisibilidade das dimensões biológica, mental e espiritual de cada pessoa.

Assim como cada ser humano possui diferentes limites, possui também diversas potencialidades que poderão, ou não, ser desenvolvidas e expressas a partir das formações e transformações que ocorrem durante toda a vida. Para isso, a formação deve ser um processo intencional, contínuo e transformador, que leve à integralidade e que repercuta durante toda a vida, na consideração das dimensões da experiência humana: sensorial, cognitiva, emocional, moral, ética, política, cultural, estética, artística.

> Aparentemente, todas essas e muitas outras atividades parecem estar absolutamente naturalizadas no cotidiano das pessoas. Porém, torna-se interessante pensar o quanto a relação entre os homens e a tecnologia pode relegá-los às amarras ideológicas da sociedade industrial que embotam os sentidos, e o quanto isso pode reverberar na educação e na formação de professores.
>
> Quando se pensa em "tecnologização", neologismo escolhido neste texto com a intenção de pensar a ação da tecnologia na formatação da vida humana, é possível revelar as contradições da sociedade e o quanto esta pode se apresentar em sua mais bárbara versão. [ver Capítulo 5]

---

4   VIANA, Clara. Bem-estar dos professores deve ser prioridade para os Governos. *Público*. Lisboa, edição online, 21 mar. 2018. Caderno Educação. Acesso em: 24 abr. 2020. Disponível em: https://www.publico.pt/2018/03/21/sociedade/noticia/bemestar-dos-professores-deve-ser-prioridade-para-os-governos-1807564.

As tecnologias digitais de informação e comunicação vieram para ficar. Mas, com ou sem novas tecnologias, a escola e a formação precisam ser reinventadas.

Do modo como as novas tecnologias estão sendo introduzidas nas escolas, poderão transformar-se em panaceias que apenas sirvam para congelar aulas em computadores, aulas que os formandos, acostumados ao imediatismo e à velocidade dessas tecnologias, acriticamente consumam, sem resquícios de cooperação com o vizinho, dependentes de vínculos afetivos precários, estabelecidos com identidades virtuais.

> Naturalmente, então, considero também a importância de desenvolver a formação do profissional do futuro desde agora, pois, para deixar os melhores seres humanos possíveis para o planeta, é fundamental uma educação de qualidade social referenciada, em especial frente a mais uma revolução industrial. [ver Capítulo 7]

A internet é generosa na oferta de informação. Basta clicar para repetir, até que a matéria seja compreendida. Tudo aquilo que um formador pode "ensinar" numa aula está plasmado, de modo mais atraente, na tela de um computador.

Então, os formadores do "futuro" irão manter-se ancorados em aulas obsoletas servidas por lousas digitais, ou irão atualizar-se? Irão replicar aulas congeladas no YouTube e em tablets, ou irão usar o digital ao serviço da humanização da escola? As novas tecnologias são incontornáveis. A internet não é uma ferramenta; é uma sociedade. Apenas será necessário saber o que fazer com as novas tecnologias. É certo que as escolas e os centros de formação se têm enfeitado de novas tecnologias, mas sem lograr intensificar a comunicação e a pesquisa. O modo como vem sendo utilizada a internet fomenta imbecilidade e solidão.

> [...] pode-se afirmar que o rebaixamento do pensamento crítico, que leva à renúncia do esforço intelectual [...] em nome da facilidade [...] Isso diz respeito ao poder da técnica – que se refere não só a conteúdos moldados, mas também à formatação dos modos de pensar e de produzir a vida mediados pela tecnologia – que dita uma forma de relacionamento [...] com a objetividade e com os outros homens. [ver Capítulo 5]

Um dos princípios gerais da "Carta das responsabilidades humanas" foi concretizado quando acedi ao privilégio do acesso aos depoimentos de mestres da arte de trans-formar. Com a atenção que merecem, saboreei as suas reflexões. São exercícios de uma escrita sensível, cada qual a seu modo, refletindo a consciência da necessidade de humanizar o ato de formar.

Urge humanizar a educação, conceber novas construções socais de aprendizagem, constituir redes promotoras de desenvolvimento humano sustentável. Diz Maturana (1997) que a educação acontece na convivência, de maneira recíproca entre os que convivem.[5] Se a modernidade tende a remeter-nos para uma ética individualista,

---

5   MATURANA, H. R. *Ontologia da realidade*. Belo Horizonte: UFMG, 1997.

nunca será demais falar de convivência, diálogo e participação enquanto condições de aprendizagem. Os projetos humanos contemporâneos carecem de um novo sistema ético e de uma matriz axiológica clara, baseada no saber cuidar e conviver. Requerem que abandonemos estereótipos e preconceitos, para que a todos e a cada qual se deem oportunidades de ser e de aprender.

Já na Grécia de há milhares de anos havia quem acreditasse serem os seres humanos capazes de buscar – em si próprios e entre os outros seres – a perfeição possível. Talvez por isso haja quem insista em ver as realidades com olhos que veem muito para além da aparência das coisas. Acredito que os extraordinários mestres, autores deste livro, possam encontrar respostas às suas interrogações, que ainda possam ver as suas realidades com olhos que veem muito para além da aparência das coisas.

José Pacheco

Apresentação

Um livro que se dedique a refletir sobre os impactos tecnológicos – em sua nova roupagem 4.0 – nas profissões e na sociedade, no calor dos acontecimentos, é, no mínimo, ousado. Tal ousadia se coaduna aos riscos que pretendemos correr ao expormos ideias, muitas vezes, inacabadas, em gestação, que tateiam um campo dinâmico, mas que são impulsionadas por um desejo criativo de deixá-las fluir, mesmo que, à frente, percebamo-las inadequadas, analiticamente.

Contando com a qualidade de seus autores e de suas autoras, empenhados(as) em pesquisas e reflexões sérias, harmonizadas com distanciamento crítico, quase certo é que as análises ora publicadas passaram e passarão ao largo das inadequações, ainda que latentes.

Certa vez, um professor de altíssima capacidade reflexiva e com muitos anos vividos contava aos seus alunos e alunas um episódio. Dizia ele que, em evento comensal com um prêmio Nobel de física à mesa, um fato lhe chamou a atenção: o laureado trazia uma curiosidade de criança. Tudo queria saber e todos os assuntos lhe interessavam. Tudo que se falava à mesa, repleta de acadêmicos, ele questionava; não para confrontar, mas para aprender.

Esperamos que nossos leitores, como nós mesmos, tenham tal atitude ao ler os capítulos que se seguem.

Estruturalmente, separam-se os capítulos em duas partes. Os dois primeiros capítulos trabalham o impacto da tecnologia, ou da Indústria 4.0, especificamente, na sociedade; os cinco outros tratam da mesma temática, tendo em vista sua incidência sobre profissões das ciências humanas, sociais e exatas.

Inicialmente, Marcelo Bordin e Maria Izabel Machado destrinçam a tecnologia contemporânea enquanto mecanismo de controle, que se apresenta como sistema colaborativo e flexível. Em texto intitulado "Panóptico 4.0: uma revolução conservadora", o autor e a autora lançam mão, basicamente, da sociologia, da filosofia e da sociologia da educação para denunciar a Indústria 4.0 enquanto face perversa do Estado, ainda que a tecnologia se apresente como ordenamento civilizatório, com elementos colaborativos, cooperativos e de adesão. Numa sociedade individualizada, em que se constroem inimigos para vender segurança, militariza-se a vida, criminaliza-se a pobreza e aliena-se a participação dos sujeitos nos processos de governança.

A Indústria 4.0 possibilita o surgimento de uma nova sociedade, com valores distintos dos anteriores e novas exigências ao mundo do trabalho. Eis, inclusive, o papel das revoluções industriais precedentes. Positivamente, no capítulo "Os valores humanos e o perfil do profissional: desafios para uma ética profissional efetiva", Luiz Lapa convida-nos a ponderar sobre as habilidades e comportamentos requeridos aos trabalhadores e trabalhadoras contemporâneos, que deverão adequar suas ações e capacitações a um novo *ethos* heterodeterminado pelas tecnologias e estratégias organizacionais.

Abrindo as discussões acerca do impacto da tecnologia nas profissões, Rodrigo Bombonati de Souza Moraes, Marco Antonio Gonsales de Oliveira e André Accorsi abordam a temática na profissão da administração em "A tecnologia e seus impactos nas áreas funcionais da administração". Campo constitutivamente contraditório, a administração busca a maior eficiência no uso dos recursos na consecução de maior produtividade e rentabilidade. A isso a tecnologia serviu e serve desde o advento da indústria moderna. Hoje, as áreas funcionais de marketing, finanças, produção e logística talvez inexistissem sem a presença intensiva da tecnologia. A contradição se apresenta nas incidências deletérias dessas tecnologias sobre os, assim chamados, recursos humanos.

No imaginário, a ciência da computação pode parecer estar acima das vicissitudes sociais e profissionais que a tecnologia promove. Mais ainda, pode ser pensada como sua promotora. Ainda que, de certa forma, esse campo de conhecimento promova tais mudanças, o capítulo intitulado "A tecnologia na profissão da ciência da computação", de Cinthia Obladen de Almendra Freitas e Paulo Henrique Santana de Oliveira, mostra, a partir de uma perspectiva histórica e tecnicamente competente, que a tecnologia, em sua ubiquidade, não apenas modifica o que fazemos e como fazemos as coisas na atualidade, mas também o que somos. Num ambiente dinâmico, a própria ciência da computação adapta suas técnicas, metodologias e instrumentos computacionais, fato que serve de questionamento da imbricação entre ciência, sociedade e o papel do Estado nesse novo e fluido cenário.

Rapidez na difusão de notícias, facilidade de acesso à informação, possibilidade de conexão entre pessoas são alguns dos possíveis ganhos trazidos pela tecnologia. Contudo, sua irreflexibilidade pode levar à alienação dos sujeitos e ao embotamento de seus sentidos no contexto da sociedade industrial. Articulando essa contradição no campo educacional e da formação de professores, Cynthia Maria Jorge Viana e Luciana Ponce Bellido, em "A 'tecnologização' da vida e a formação de professores", atualizam a perspectiva da sociologia crítica alemã, identificada na teoria crítica, para apontar as contradições sociais engendradas pela racionalidade técnica, bem como apostar na crítica radical para desvelar as formas de dominação determinadas pela tecnologia, para que, porventura, possamos superá-las.

A construção da subjetividade por meio da tecnologia: campo fértil para estudos e intervenções da psicologia, a partir de um olhar crítico-reflexivo. Tal discussão ocorre no capítulo intitulado "A tecnologia na profissão da psicologia: subjetividades midiáticas". Nesse contexto, Simone Leão Lima Pieruccetti aponta para a dificuldade de ser marginalizado tecnologicamente, porquanto sua influência, direcionamento, controle e molde do comportamento humano encontram-se, quiçá, por toda a parte. Especificamente, as mídias que servem de anteparo ao mundo virtual, com sua capacidade de criar envolvimentos e sua rapidez nessa tarefa, perpassam e constroem sujeitos, de certa forma, à sua imagem e semelhança. Assim, que seres humanos estão sendo constituídos nessa virtualidade?

Preocupada com o processo de formação do ser social e profissional docente, Juliana Alves de Araújo Bottechia investiga a conformação do mundo do trabalho a partir das transformações tecnológicas, no geral, e da Indústria 4.0, especificamente. Porquanto tais modificações ocorrem de maneira, por vezes, disruptiva e totalizante, acabam modificando, invariavelmente, o modo de produzir e consumir a força de trabalho. Nesse sentido, em capítulo intitulado "Educação para o mundo do trabalho na Indústria 4.0", a autora ocupa-se também de questionar as formas assumidas pela educação para atender às novas demandas organizacionais, além de servir à construção cultural que justifique e conforme os comportamentos laborais e as decorrentes relações sociais.

Pode-se pensar que este livro é contraditório, pois apresenta tanto a crítica da tecnologia como os supostos benefícios de sua utilização. Da militarização da vida cotidiana às práticas pedagógicas, passando por ética, administração, ciências da computação e psicologia: afinal, trata-se de um livro crítico ou de adesão aos feitiços tecnológicos? O problema é a forma como é utilizada ou ela, em si, traz o germe da dominação? O caminho está aberto para o leitor decidir. Contudo, nenhum capítulo furta-se a um posicionamento.

Para inspirar ainda mais, leiamos o que Drummond (1973) tem a dizer sobre o avançar da tecnologia:

> O Homem; As Viagens
>
> O homem, bicho da Terra tão pequeno
>
> chateia-se na Terra
>
> lugar de muita miséria e pouca diversão,
>
> faz um foguete, uma cápsula, um módulo
>
> toca para a Lua
>
> desce cauteloso na Lua
>
> pisa na Lua
>
> planta bandeirola na Lua

experimenta a Lua

coloniza a Lua

civiliza a Lua

humaniza a Lua.

Lua humanizada: tão igual à Terra.

O homem chateia-se na Lua.

Vamos para Marte – ordena a suas máquinas.

Elas obedecem, o homem desce em Marte

pisa em Marte

experimenta

coloniza

civiliza

humaniza Marte com engenho e arte.

[...]

Restam outros sistemas fora

do solar a colonizar.

Ao acabarem todos

só resta ao homem

(estará equipado?)

a dificílima dangerosíssima viagem

de si a si mesmo:

pôr o pé no chão

do seu coração

experimentar

colonizar

civilizar

humanizar

o homem

descobrindo em suas próprias inexploradas entranhas

a perene, insuspeitada alegria

de con-viver.

Rodrigo Bombonati de Souza Moraes

CAPÍTULO 1
PANÓPTICO 4.0:
UMA REVOLUÇÃO CONSERVADORA

Marcelo Bordin
Maria Izabel Machado

> *O Panóptico faz a inversão definitiva entre reprimir e produzir. A disciplina possível através da vigilância panóptica permite que os indivíduos sejam treinados, coordenados, habilitados. Se tornam, portanto, mais obedientes e menos perigosos para a sociedade. A função disciplinar foi invertida. As condutas continuam sendo moralizadas, mas cada vez mais, a disciplina funciona como um modelador de comportamentos. O poder penetrou no corpo através da disciplina, não apenas para moralizá-lo, mas para modelá-lo. Produzir um homem decente, antes que o mundo o corrompa!*
>
> Rafael Lauro e Rafael Trindade, blog *Razão Inadequada*[1]

INTRODUÇÃO

Pensar os mecanismos de controle contemporaneamente implica o exercício reflexivo acerca do que perdura e do que perde sentido ao longo do tempo. A dita Indústria 4.0, expressão utilizada pela primeira vez em 2011 pelo governo alemão para se referir aos processos produtivos ciberfísicos, supõe que foram deixadas para trás energias produtivas (vapor, eletricidade e a informacional), substituídas pelo uso de tecnologias para

---

[1] Disponível em: https://razaoinadequada.com/2014/12/03/foucault-panoptico-ou-a-visibilidade-e-uma-armadilha/. Acesso em: 3 set. 2019.

automação e troca/armazenamento de dados que utilizam elementos computacionais colaborativos com o propósito de controlar entidades físicas.

A hipótese desenvolvida no presente artigo é de que os sistemas ciberfísicos, embora pretendam a hibridização entre tecnologias informacionais e a vida em suas amplas acepções, reinscrevem um ordenamento civilizatório já de há tempos conhecido: a manutenção de hierarquias sociais que convertem direitos em privilégios, reificando assimetrias e segregações.

As configurações do capitalismo flexível, que para Richard Sennett significam "reinvenção descontínua de instituições, especialização flexível da produção e concentração de poder sem centralização" (SENNETT, 2005, p. 54), produziram uma ilusão de dissolução de hierarquias em favor do trabalho em rede, quando efetivamente o que se deu foi o sequestro do tempo: todo o tempo agora é tempo de responder a mensagens e estar disponível. A agudização do individualismo com a transformação dos sujeitos em "empresários de si" (FREITAS, 2018) colocou em declínio a participação nos processos de governança. Não se perde com o capitalismo flexível apenas a identidade proveniente do trabalho e a possibilidade de construir uma carreira como um caminho sólido e seguro, perde-se também o interesse por questões cívicas.

Longe, porém, de se mostrar como tragédia, esse cenário se coloca sem que estejamos diante de uma catástrofe eminente, matizando-se no cotidiano. É exatamente a partir dessa constatação que compreendemos que as mudanças oportunizadas pela era da tecnologia reforçam um ordenamento civilizatório que conta com nossa adesão e cooperação. A experiência subjetiva de medo em todo lugar e em lugar nenhum (GURVICH, 1965) é alimentada pelo discurso da guerra que constrói inimigos dentre os que não são úteis ou desejáveis aos mecanismos exploratórios de mercado.

Desta maneira, o panóptico como modelo de vigilância se atualiza. Agora demandamos "proteção" e controle, seja para o Estado, seja na produção de um *ethos* que atenda às expectativas da sociedade de controle.

Dentre as diversas possibilidades de entrada nesse tema priorizamos os mecanismos de controle social como sinais visíveis da militarização da vida e seu entrelaçamento com os movimentos sócio-históricos de criminalização da pobreza. Nesse sentido, defendemos que, não obstante as novas roupagens propostas pela Indústria 4.0, perduram os mecanismos de controle social em sua forma perversa, tendo no Estado seu agente maior.

DESENVOLVIMENTO

A hipermilitarização do cotidiano se expressa em todas as esferas do desenrolar social, do acontecer da vida, das relações pessoais e públicas, nas pequenas nuances que o mundo "militarizado" nos apresenta. Uma de suas faces mais evidentes pode atualmente ser vista na educação militarizada, que se impõe como uma alternativa para manter os jovens sob um controle cada vez mais intenso, similar ao controle perverso praticado nas áreas pobres das grandes cidades em forma de ocupação policial/militar.

Seja pela criação de unidades de controle territorial dessas áreas, seja pela cada vez maior inserção das Forças Armadas brasileiras no cotidiano da segurança pública ou ainda mediante emendas constitucionais que permitem aos militares exercerem a docência (BRASIL DE FATO, 2019), a militarização do cotidiano remete a ideias de ordem, guerra e a separação do mundo em nós e eles – sendo que "eles", o inimigo, no contexto brasileiro é comumente associado ao pobre, negro, morador de periferia, indivíduos que, segundo Agamben (2010), são "seres matáveis", seres cuja morte não produz comoção ou solidariedade.

Nesse aspecto, o controle social militar/policial se estabelece e se institui em esferas tidas como essenciais, ou seja, na segurança pública, por meio de uma cultura do terror que lança mão do discurso da "guerra ao crime". A capilaridade dos aspectos militares é de uma amplitude inimaginável, razão pela qual estão genealogicamente imbricados o surgimento do Estado e os processos de militarização da vida.

A necessidade de pensar o Estado como espaço em que a guerra pode ser e é vivenciada a cada momento, uma vez que é utilizada como ferramenta de uso constante, é questão medular para as análises acerca da militarização do cotidiano, e para, além disso, da hipermilitarização da vida. Como um fato social total (MAUSS, 2003), militarizar relações, práticas sociais e mesmo subjetividades dá ao discurso da "guerra contra o crime" caráter total, atingindo todas as esferas da vida e alterando não apenas processos de socialização, mas também produzindo um novo *ethos*, uma nova maneira de ser e estar no mundo.

Sem o Estado, contudo, o processo de hipermilitarização não assumiria o caráter de fato social, uma vez que foi a partir da constituição dos Estados Nação que se criaram demandas de centralização política, administrativa e militar. A gestão de conflitos em sociedades pré-modernas teria dissipado o uso da força em disputas intertribais, que segundo a perspectiva eurocêntrica sequer poderiam ser classificadas como civilizadas.

A tese, pois, de que a Indústria 4.0 reinscreve mecanismos de controle social sob novas roupagens está seminalmente atrelada à transição para a modernidade, ao surgimento e consolidação do capitalismo e à emergência de um novo *ethos* que tem informado subjetividades e sociabilidades.

A massificação dos sistemas de ensino, por exemplo, ilustra em boa medida como educar significava (significa?) primordialmente o adestramento dos corpos para a fábrica: é preciso entrar ao ouvir um sinal sonoro, sentar-se em linha, em modo muito similar às esteiras fordistas de produção, a compartimentalização do conteúdo antecipando a lógica da divisão do trabalho, a separação arquitetônica entre os que detêm o saber e os alunos, palavra cuja origem significa "sem luz".

Mesmo o desenvolvimento da saúde e a invenção da área médica voltada à saúde do trabalho (e não exatamente do trabalhador) com a descoberta das vacinas, a criação de hospitais e leprosários com a finalidade única de isolar os considerados incapacitados, os processos de institucionalização da caridade via criação de leis contra a vadiagem no contexto da Revolução Industrial na Inglaterra, não escapam à lógica do controle sobre os corpos por meio de saberes médicos, peritos e do uso da força.

Razão pela qual a guerra e suas implicações não podem ser compreendidas isoladamente, carecendo de contexto temporal e social, de modo a evidenciar tanto as estruturas que a produzem como o modo como os agentes respondem a ela. Reveladora das tensões entre estrutura e ação, a guerra, segundo Russel (2014), pode ser definida como a disputa de poder entre dois grupos, cada um tentando aniquilar, pela morte ou mutilação, o maior número de adversários. A riqueza é outra variável a ser considerada como razão ou motivo para as guerras, que, assim como o poder, afirma Russel, poderá oportunizar ao vencedor o desfrute das conquistas.

Nesse sentido, o Estado, como o principal agente político moderno, se constitui como uma máquina de matar, uma vez que, como afirmou Weber (2015), detém o monopólio legítimo do uso da força, tendo na guerra uma das suas funções. Certamente, ao corroborarmos a leitura de Russel não ignoramos outros agentes políticos, entre eles o mercado, na criação de uma "cultura militar". O que se destaca é que o Estado, ao revestir-se de legitimidade, faz uso abusivo e absolutamente discriminatório do poder repressivo. As ações violentas como fato social total são, usualmente, o único braço do Estado que populações periféricas conhecem.

Se a política precisa da força física para ser produzida, a guerra, como uma variação do uso da força pelo Estado, é também uma decorrência da política, o que significa dizer novamente a partir de Weber que não há dominação sem o consentimento dos dominados (WEBER, 2015). Guerras de fronteiras, civis, religiosas e étnicas, e especialmente isso que aqui chamamos de militarização da vida, foram naturalizadas de maneira a obscurecer e não raro invisibilizar com o uso da tecnologia os mecanismos de controle e as relações de poder.

A lógica da guerra, desta forma, nos "acta", no sentido empregado por Latour (2012) em sua teoria ator-rede: como uma rede em que objetos e sujeitos se conectam, se influenciam, produzem efeitos mútuos. Guerra e Estado, guerra e sujeitos, guerra e controle social, produzem efeitos nessa rede de modo a impossibilitar a separação entre o ator e o ato. Reflexão similar foi feita por Keeley (2011), que compreende a guerra como o lócus onde se intensificam algumas de nossas mais fortes emoções, sejam elas medo, abnegação, pânico, generosidade. Patriotismo e xenofobia, segundo o autor, estariam, em conjunto com outras emoções, na base propulsora da criação de engenhosidades, bem como do vandalismo e da crueldade.

A militarização, portanto, não se restringe às ações do Estado, mas atravessa o vivido e seus agentes – motivo pelo qual as definições encontradas para a expressão como que tateiam sentidos que não se deixam apreender totalmente. Entre as referências encontradas está a de Bruno Marques Silva (2016), que ao escrever sobre a biografia do Coronel Nazareth Cerqueira, designa a adoção de um modelo a ser seguido calcado no ideário de guerra, na submissão das ações aos parâmetros militares: o agente do crime é agora o inimigo interno. Não sujeito de direitos, mas ameaça à ordem, à nação. Essa submissão da prática policial ao ideário militar inclui ainda a internalização de valores como uma certa ética, rigidez disciplinar, sendo considerada por uma grande parcela da sociedade como integridade moral. Do ponto de vista objetivo, o processo de militarização das polícias se reconhece no uso cada mais recorrente das

Forças Armadas em ações que seriam do âmbito da segurança pública, não questões de segurança nacional.

Eliézer Rizzo de Oliveira, no prefácio do livro "A militarização da burocracia: a participação na administração federal das Comunicações e da Educação 1963-1990" (MATHIAS, 2004, p. 11), descreve com precisão a militarização do Estado como a forma em que se exerce o poder apartado das manifestações livres da cidadania. Quanto mais militarizado, mais distante fica o exercício do poder das práticas democráticas. A repressão política figura, pois, como um dos sinais evidentes desse processo, se fazendo notar por meio do patrulhamento da vida cultural, limitações às liberdades individuais e coletivas, criminalização dos movimentos sociais, apagamento ou aniquilação da diversidade.

Suzeley Kalil Mathias (2004) afirma que a expressão militarização não se refere apenas à ocupação por parte de agentes fardados de posições de poder, mas reflete uma maneira de ser e estar no mundo. A autora sugere três significados possíveis para o termo: no primeiro deles se percebe a ocupação, por parte dos militares, de cargos na administração pública. O segundo tem a ver com a utilização do aparato público, inclusive das políticas públicas, para a difusão e a implementação do ideário militar. O terceiro conjunto de conteúdos que podem contribuir para a compreensão da expressão militarização se refere ao modo como esses valores e práticas concorrem para compor a subjetividade dos indivíduos, dando base a um *ethos* militar.

A tríade ocupação de cargos, políticas governamentais e transferência de valores se conecta de forma coerente à nossa história colonial. O pensamento social brasileiro nos oferece por meio de alguns intérpretes do Brasil um bom mapa para a compreensão da relação entre Estado, segregação e controle social.

Os autores que marcaram o início do século XX, entre eles Sérgio Buarque de Holanda, Gilberto Freyre e Caio Prado Jr., buscaram, a partir de perspectivas muito distintas, responder à questão "Que modelo de Estado para que sociedade?". Em curso se encontrava o movimento ensaísta que buscava "inventar a nação", criar para nós uma identidade de povo.

A dissolução de um modelo de sociedade, com a inevitável compressão do patriarcado rural e a necessidade de inventar uma identidade, colocou sob a tutela do Estado a tarefa de impulsionar a modernização. A invenção da cultura nesse contexto atendia às demandas de produção de coesão social. E, embora repleto de críticas ao mimetismo, o Brasil que se delineou assumiu uma face profundamente conservadora, para a qual chamou atenção Florestan Fernandes na obra *A revolução burguesa no Brasil* (2005).

Entre os elogios à miscigenação presentes na obra de Freyre e as perspectivas eugenistas defendidas por Oliveira Viana, a nação se fez sobre a farsa da democracia racial, ou, como escreveu Freyre, a partir da "confraternização entre as raças". Esse é um elemento central para pensar o controle das classes "perigosas": pobres e negros.

O Estado patrimonialista e o conjunto de leis implementadas reforçam esse argumento: a lei de terras (1850), que impedia a posse por parte dos escravos recém-libertos de territórios desocupados; a lei do ventre livre (1871), que mantinha os negros sob os "cuidados" dos senhores até os 21 anos de idade; a lei dos sexagenários (1885), que na prática foi uma licença de descarte; e por fim a abolição (1888), que, acompanhada do forte incentivo estatal às migrações, significou o interdito das populações negras ao trabalho e à renda.

Para Sérgio Buarque de Holanda, a democracia no Brasil nunca passou de um "mal-entendido" (HOLANDA, 2014, p. 192), uma vez que a efetiva democratização do Estado brasileiro só se daria com a emergência das camadas oprimidas da população. Para o autor, "em terra onde todos são barões não é possível um acordo durável" (HOLANDA, 2014, p. 37).

A frouxidão da estrutura social, aliada ao princípio de competições individuais, produziu como resultado o cidadão cordial e o Estado patrimonialista, no qual se reificam hierarquias que, segundo o autor, fundam-se necessariamente em privilégios. Nessa lógica hierárquica, aos negros foram dados os trabalhos considerados vis, o cuidado com as latrinas, por exemplo, e aos filhos das elites a possibilidade de substituírem os títulos de nobreza pelo anel de bacharel.

O grande modelo para a vida política, para as relações entre governantes e governados vem, pois, da família patriarcal, em que o homem, chefe de família, tem poder de vida e de morte sobre todos da casa, sejam os trabalhadores ou os filhos considerados livres. Onde deveria haver oposição (Estado × família), uma vez que o Estado não pode ser uma extensão do círculo familiar, há uma indistinção entre suas fronteiras, daí a forte marca patrimonialista do Estado brasileiro. O cidadão cordial, aquele que tece suas relações a partir do que é íntimo, familiar, privado, seria a própria antítese do ideal revolucionário burguês de igualdade, liberdade e fraternidade.

A polidez como parte do caráter coercitivo da civilidade compõe com o modelo patriarcal de ordenamento do vivido o cenário adequado para mecanismos de tutela e, consequentemente, de controle social. Terreno fértil para a perpetuação das assimetrias sociais, esse *ethos* atendeu de maneira mais que satisfatória aos ímpetos das elites econômicas, sociais e culturais, que se utilizaram do Estado para colocar em curso uma crescente criminalização da pobreza e dos pobres. Na história brasileira, tais elites sempre aplicaram pena máxima contra qualquer possibilidade de organização popular – podemos lembrar, entre outros, o episódio de Canudos, no qual pela primeira vez se utilizou força federal para esmagar um movimento popular. Michel Foucault (2014) chama a atenção para essa forma de exercício do poder como aquele que não se exime de ser exercido sobre os corpos, ao contrário, é se impondo sobre os corpos que esse poder se exalta. O poder como recurso para a manutenção da ordem, para assegurar as funções da ordem, está absolutamente ligado à noção de guerra: não se trata de aplicar a lei, o direito, mas de punir o ofensor, exterminar o inimigo; desobedecer não é quebrar uma regra, mas demonstrar hostilidade, questionar a autoridade.

Todo processo de criminalização tem por objetivo impedir o acesso das camadas populares aos direitos já garantidos pelas leis contraditoriamente elaboradas em sua maioria por essas mesmas elites, muitas vezes com o intuito de impedir mudanças estruturais no país.

O surgimento de novas formas de controle por parte dos governos e a militarização da polícia vai ser uma das formas de buscar a manutenção de uma determinada ordem, baseada na dicotomia "eles/nós", mantendo uma lógica exterminante, colocando os guetos e periferias como novos "campos de concentração" do fim do século XX e início do XXI, numa clara "biopolítica foucaultiana".

Gurvitch (1965) nos apresenta o controle social segundo alguns pontos de vista. Para os norte-americanos está mais baseado na ideia de administração, política, engenharia social pelo uso do poder, dominação e força. Para os europeus, o conceito de controle social relaciona-se à fiscalização, inspeção, vigilância, sendo que a aplicação é secundária. Glassner (2003) sintetiza controle social da seguinte forma:

> é um conjunto de modelos culturais, símbolos sociais, significados espirituais coletivos, valores, ideias, ideais, como também as ações e processos diretamente relacionados com eles, mediante os quais toda sociedade, todo grupo particular e todo membro individual componente vencem as tensões e conflitos interiores próprios e restabelecem um equilíbrio interno temporário, o que lhes dá a possibilidade de seguir adiante com novos esforços de criação coletiva (GLASSNER, 2003, p. 53).

A relevância dessa discussão reside em questionarmos de que forma internalizamos o controle social e qual o limite de coerção exercida pelo Estado em nome da manutenção da ordem. O que se percebe é que, lançando mão da mais-valia repressiva, o Estado, em vez de ajudar na internalização do controle social, inclusive com a produção do que se pode chamar de violência positiva (domesticação, docilização dos corpos), baseia-se no controle social perverso, utilizando de forma preferencial e intensa o medo e o terror, mas não só isso: colocando os corpos como o lugar da disputa política. É sobre os corpos que se inscrevem os suplícios, sejam eles da violência direta ou da exploração pelo trabalho, como nos chama a atenção Michel Foucault (2014). É exatamente a partir dos corpos investidos em relações de poder e dominação que estes se fazem úteis porque dóceis. As necessidades aqui atuam de modo perfeitamente calculado para manter intocado o sistema de sujeição: corpos úteis porque simultaneamente produtivos e submissos.

Aos corpos insubmissos, a repressão. Daí os históricos processos de criminalização dos movimentos sociais e uma criminalização da pobreza. Não existe crime igual para todas as pessoas: os operadores modernos da criminalização estão intrinsecamente ligados à classe, gênero, geração e etnia. Pode-se afirmar que crime não existe, existem indivíduos, agentes sociais cujas práticas são criminalizadas. Nesse sentido, os atos individuais são mais ou menos criminalizados de acordo com o acúmulo de características como cor, idade, profissão etc.

O indivíduo deixa de ser julgado e punido pelo que praticou, passando a responder por seus antecedentes determinados por uma suposta hereditariedade criminosa, pelo ato cometido e pelo perigo potencial que representa. Passado, presente e futuro mesclam-se, "dobrando" o crime, como afirmou Foucault (2014). O acusado não praticou o crime – ele é o crime. É deste que surge a criminologia, que, arrogando para si o caráter de ciência, é tomada pela ideia de higiene pública – eufemismo para eugenia –, nos livrando dessa "raça" criminosa.

Ao aproximar violência/crime de pobreza, instaura-se um fenômeno denominado recentemente de *apartheid* íntimo, no qual é a cultura do medo que regula as relações ou a ausência delas, desagregando progressivamente indivíduos e grupos sociais. Não se pode ignorar que a violência interpessoal, uma das formas mais temidas por todos e a todo tempo, está profundamente enraizada na enorme desigualdade, sendo que à desigualdade material soma-se a desigualdade social. Deixa-se de enfrentar problemas sociais perturbadores e concentra-se a discussão pública em indivíduos perturbados, como afirmou Glassner (2003, p. 53).

A pobreza, os pobres e, por sua vez, os movimentos sociais deixam de ser questão de política e passam a ser questão de polícia. Informalmente, o extermínio dos elementos tipo padrão (jovem, pobre, negro, de periferia) é legal, autorizado. Os exterminados não passam de *Homo sacer*, seres matáveis cuja morte não produz nenhuma consequência para quem os matou, quem os mandou matar ou quem consentiu com as mortes. As polícias são, dessa maneira, a visibilização do controle social perverso exercido pelo Estado.

Não bastasse todo o aparato estatal a serviço dos grupos privilegiados, cujo propósito é reprimir e reduzir a condição mobilizadora dos movimentos sociais, estes, e mais fortemente ainda os indivíduos que não participam de nenhuma forma de organização popular, estão sujeitos à ação do crime organizado na sua forma mais visível por meio do narcotráfico. Segundo uma leitura mais aprofundada, o crime organizado estaria enraizado na estrutura mesma do Estado, na medida em que retroalimenta a economia política do medo e do terror.

Além de tudo que já foi expresso, as elites lançam mão de outros elementos para garantir sua hegemonia: cooptação de lideranças dos movimentos sociais e populares por meio de cargos e privilégios, divisão interna dos movimentos e da esquerda, personificação e desmoralização dos líderes, repressão física, moral e ideológica, além da criminalização, processo no qual tem como forte aliada a mídia, que se encarrega principalmente de veicular notícias difamatórias.

CONSIDERAÇÕES FINAIS

As reflexões aqui desenvolvidas de forma breve articularam noções de Estado, militarização e controle social desde a perspectiva da sociologia histórica e do pensamento social brasileiro. A imbricação entre esses elementos em nosso contexto tem ainda peculiaridades próprias de nosso modelo de colonização, de como nos constituímos como nação.

A assim chamada indústria ou revolução 4.0, ainda que possibilite uma maior aproximação entre humanos e inteligência artificial, é incapaz de atualizar padrões civilizatórios arraigados em modelos oligárquicos, patriarcais e patrimonialistas. Além disso, o avanço dos sistemas ciberfísicos ignoram questões fundamentais acerca do tipo de desenvolvimento que se está a promover e dos interesses a que atende.

Com isso não queremos nos render à estética do pessimismo e do terror, nos imobilizando frente à fixidez das estruturas, ou ainda recair nas críticas românticas à tecnologia que remetem a um passado inventado; ao contrário, nossa intenção é contribuir para o desvelamento de mecanismos que antecedem revoluções nos processos produtivos e que seguem informando políticas, relações e subjetividades.

O reconhecimento da relevância econômica das transformações produtivas não pode borrar nossa visão para as implicações civilizatórias, em suas expressões políticas e/ou culturais. Não há revolução sem povo.

REFERÊNCIAS

AGAMBEN. Giorgio. *Homo sacer:* o poder soberano e a vida nua. Belo Horizonte: Editora UFMG, 2010.

BRASIL DE FATO. Mudança na Constituição permite uso de policial como professor em escola pública. 3 jul. 2019. Disponível em: https://www.brasildefato.com.br/2019/07/03/lei-agora-permite-uso-de-policial-como-professor-em-escola-publica. Acesso em: 5 out. 2020.

DELEAMOU, Jean. *A história do medo no ocidente (1300-1800).* São Paulo: Companhia das Letras, 1989.

FERNANDES, Florestan. *A revolução burguesa no Brasil:* ensaio de interpretação sociológica. São Paulo: Globo, 2005.

FOUCAULT, Michel. *Vigiar e punir:* nascimento da prisão. Petrópolis: Vozes, 2014.

FREITAS, Luiz Carlos de. *A reforma empresarial da educação:* nova direita, velhas ideias. São Paulo: Expressão Popular, 2018.

GLASSNER, B. *Cultura do medo.* São Paulo: Francis, 2003.

GURVITCH, G. El control social. In: GURVITCH, G.; MOORE, W. E. *Sociologia del siglo XXI.* Barcelona: Editorial el Ateneo, 1965.

HOLANDA, Sérgio Buarque. *Raízes do Brasil.* São Paulo: Companhia das Letras, 2014.

KEELEY, Lawrence H. *A guerra antes da civilização:* o mito do bom selvagem. São Paulo: Realizações, 2011.

LATOUR, Bruno. *Reagregando o social:* uma introdução à teoria do Ator-Rede. São Paulo: Edusc, 2012.

MATHIAS, Suzeley Kalil. *A militarização da burocracia:* a participação na administração federal das Comunicações e da Educação 1963-1990. São Paulo: Editora Unesp, 2004.

MAUSS, Marcel. *Sociologia e antropologia.* São Paulo: Cosac & Naify, 2003.

RUSSEL, Bertrand. *Por que os homens vão à guerra*. Trad. Renato Prelorentzou. São Paulo: Editora Unesp, 2014.

SENNETT, Richard. *A corrosão do caráter:* consequências pessoais do trabalho no novo capitalismo. São Paulo: Record, 2005.

SILVA, Bruno Marques. *"Uma nova polícia, um novo policial":* uma biografia intelectual do coronel Carlos Magno Nazareth Cerqueira e as políticas de policiamento ostensivo na redemocratização fluminense (1983-1995). Tese (Doutorado em História, Política e Bens Culturais) – Escola de Ciências Sociais, FGV CPDOC, Rio de Janeiro, 2016. Disponível em: https://bibliotecadigital.fgv.br/dspace/bitstream/handle/10438/17122/TESE%20Bruno%20Marques%20Silva%20DEP%C3%93SITO%20FINAL.pdf?sequence=1&isAllowed=y. Acesso em: 10 set 2019.

WEBER, Max. *Economia e sociedade:* fundamentos da sociologia compreensiva. Brasília: Editora Universidade de Brasília, 2015.

CAPÍTULO 2
OS VALORES HUMANOS E O PERFIL DO PROFISSIONAL: DESAFIOS PARA UMA ÉTICA PROFISSIONAL EFETIVA

Luiz Lapa

INTRODUÇÃO

Vivemos uma revolução tecnológica que, constantemente, transforma a vida das pessoas. As revoluções industriais ocorridas ao longo de séculos mudaram, entre outros aspectos, a maneira de trabalhar, proporcionando mais produtividade e grande capacidade de automatização para as empresas em todas as áreas.

As mudanças ocorridas nas empresas podem refletir mudanças de hábitos nas sociedades e nos relacionamentos inter e intrapessoais dos indivíduos. O relacionamento interpessoal interfere na habilidade de as pessoas interagirem, enquanto o intrapessoal estabelece uma relação consigo e com seus próprios sentimentos e aspirações. Essas transformações ocorrem em diversos ambientes, como no trabalho e no comércio, portanto, torna-se necessário observar os comportamentos pessoais dos indivíduos, suas motivações, a capacidade de lidar com diferentes cenários, a comunicação assertiva, a liderança e o trabalho em equipe, a performance e o foco nas atividades.

Além desses aspectos, na nova revolução que desponta, as pessoas deverão saber utilizar as novas tecnologias para o manuseio dos programas e dos computadores, o que ainda exige esforços de muitos profissionais para adquirir determinadas habilidades e competências. E para aqueles que ainda têm dúvida sobre os empregos (e o desemprego) no âmbito da Indústria 4.0, haverá empregos para todos que se esforçarem e se empenharem para adquirir novas competências profissionais (PEREIRA et al., 2018).

Atualmente, novos comportamentos e motivações para trabalhar em tempos de sistemas ciberfísicos, internet das coisas (IoT), internet de serviços, comunicações de rede, *big data*, computação em nuvem, e outros, como parte integrante da nova era industrial, são demonstrados pelos valores humanos dos trabalhadores nessas atividades.

Para Schwartz (1992, 2005, 2012) valores são crenças, construtos motivacionais, transcendem situações e ações específicas, servem como padrões ou critérios, e são ordenados pela importância relativa aos demais. Para o autor, o que distingue um valor do outro é o tipo de objetivo ou motivação que este expressa.

Valores humanos são conceitos do desejável que guiam a vida das pessoas e selecionam ações (SCHWARTZ, 1992, 2005), assim, este artigo aborda os valores indicativos para as competências futuras no desempenho de uma efetiva ética profissional nas novas funções da Indústria 4.0.

A INDÚSTRIA 4.0: "PENSAR GLOBALMENTE, PRODUZIR LOCALMENTE"

Observa-se que na primeira revolução industrial, iniciada na Europa no final do século XVIII, introduziram-se as facilidades da produção mecânica, sobretudo com a criação da máquina a vapor. A partir dos anos 1870, a eletricidade, o surgimento das linhas de montagem e a divisão do trabalho derivada do taylorismo levaram à segunda revolução industrial (KAGERMANN; WAHLSTER; HELBIG, 2013; HERMANN; PENTEK; OTTO, 2015; SCHWAB, 2016 *apud* TESSARINI; SALTORATO, 2018). A terceira revolução industrial, conhecida como revolução digital, impulsionou o desenvolvimento econômico global e o avanço da manufatura, utilizando tecnologia de informação e automação, fazendo o começo e o progresso contínuo da era digital vibrante e acelerada, sendo importante reconhecer que as pessoas devem otimizar o hardware e o software utilizados (BALDASSARI; ROUX, 2017). Atualmente, a eletrônica inteligente tem proliferado e se movido incansavelmente em direção a um nível mais alto de inovação, conectividade e mobilidade (HWANG, 2016).

A cada revolução industrial o perfil exigido dos trabalhadores foi se modificando, passando do trabalho manual para o intelectual (AIRES; FREIRE; SOUZA, 2016), exigindo que as empresas se preocupassem com a formação de seus trabalhadores.

O processo de crescimento da chamada Indústria 4.0 (ou quarta revolução industrial) impulsionará a internet, as tecnologias digitais e as ciências quânticas para evoluir nos sistemas ciberfísicos, tecnologia de nuvem, internet das coisas, internet de serviços, e sua integração e interação com as pessoas (HWANG, 2016).

Como as revoluções industriais anteriores, espera-se que essa nova era industrial não resulte na redução de empregos. Enquanto alguns pesquisadores e especialistas declaram que a automação acabará substituindo grande parte da força de trabalho humana, outros alegam que não é possível substituí-la maciçamente pela automação. Novos empregos e ocupações surgirão, assim como configurações híbridas serão formadas por meio de integrações homem-máquina (KARACAY, 2017).

À medida que as transformações digitais aumentam e se tornam muito mais viáveis, elas criam novos modelos de negócios. Ao interagir com outros fatores socioeconômicos, mudanças significativas nos modelos de negócios desencadeiam interrupções nos mercados de trabalho, criando novas descrições de cargos e novas ocupações.

Algumas possíveis novas ocupações do futuro incluem: coordenador de robô, gerente de produto digital, desenvolvedor de negócios digitais, diretor de proteção de dados, gerente de projetos web, planejador de comunicações digitais, redator digital, designer de experiência do usuário, facilitador de inovação de público, gerente de mídia social, entre outras (KARACAY, 2017).

Portanto, embora os avanços recentes nas tecnologias digitais possam provocar alguns deslocamentos de empregos e perda de funções tradicionalmente realizadas por humanos, principalmente nas indústrias, essas mesmas tecnologias criam novos empregos e funções em vários setores (KARACAY, 2017). Junto com novos mercados e novos negócios surgem novas categorias de emprego que usam o talento humano de maneiras muito diferentes (BALDASSARI; ROUX, 2017). Muitos dos trabalhos mais populares na Indústria 4.0 não existiam nos anos 2000.

Nesse processo de mudanças e novas maneiras de trabalhar na nova era industrial, observam-se ações, atitudes e comportamentos que indicam os valores que determinados indivíduos possuem ou devem possuir para lidar com os avanços recentes e futuros nas tecnologias digitais.

Valores servem como critérios nas decisões que as pessoas tomam, impulsionando-as a obter objetivos desejáveis (SCHWARTZ, 2005). Necessita-se, portanto, compreender quais valores podem ser associados aos novos desafios que despontam nas tarefas da Indústria 4.0.

A TEORIA DE VALORES HUMANOS DE SCHWARTZ

Qualquer que seja o ambiente ou a cultura, os valores podem ser implícitos, quando não ficam visíveis, mas atuam igualmente de forma direta sobre o mundo e a vida, ou explícitos, quando há clareza de sua influência sobre as decisões e ações, distinguindo os indivíduos entre si ou definindo grupos sociais (LAPA, 2019).

Os valores exercem grande influência na vida dos indivíduos, são princípios ou padrões de juízo que as pessoas utilizam para selecionar e justificar suas ações, ou seja, que orientam o seu comportamento (SCHWARTZ, 1992; ROHAN, 2000).

O conceito de valor proposto por Schwartz (2005) implica que valores são crenças; são constructos motivacionais; transcendem as ações e situações específicas; servem como padrões ou critérios para a seleção ou avaliação de ações, políticas, pessoas e eventos; e são ordenados por ordem de importância uns em relação aos outros. Valores são determinados, em diferentes circunstâncias, como algo desejável, com relevâncias variadas, atuando como um princípio orientador na vida das pessoas (SCHWARTZ et al., 2001), ou seja, são princípios ou padrões de juízo que o ser humano usa para selecionar, justificar ações e orientar o seu comportamento (SCHWARTZ, 1992; ROHAN, 2000).

Para chegar a este entendimento, Schwartz e Bilsky (1987) construíram a teoria dos valores humanos universais, propondo a noção de valores como representações cognitivas que as pessoas e a sociedade devem dar a três exigências (ou requisitos) universais: (i) as necessidades dos indivíduos como organismos biológicos; (ii) as exigências da interação social coordenada; e (iii) os requisitos para o bem-estar e a sobrevivência de um grupo social, que resultaram em definições conceituais e operacionais para vários tipos de valores.

O atual modelo de valores proposto por Schwartz et al. (2012), a teoria refinada de valores humanos, mantém a mesma organização circular (SCHWARTZ, 1992, 2005) que os modelos anteriores, porém com dezenove tipos de valores motivacionais comuns aos indivíduos nas mais variadas culturas, conforme Figura 2.1 a seguir.

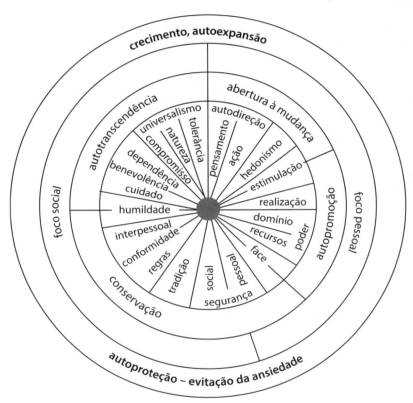

Figura 2.1 Estrutura circular dos valores da teoria refinada de valores.
Adaptada de Schwartz et al. (2012).

Da reformulação de sua teoria ressurge uma melhor reflexão sobre a ideia de *continuum* motivacional de valores, procurando satisfazer um conjunto maior de valores significativos, com uma maior precisão de predição e explicação para um conjunto de atitudes e crenças.

A estrutura da teoria de valores refinada é composta por três círculos externos que identificam as bases conceituais da proposta. No primeiro círculo, os valores delimitados pela metade superior expressam autoexpansão, sendo mais propensos a motivar as pessoas quando elas estão livres de ansiedade; os delimitados pela metade inferior são voltados para a proteção do indivíduo contra ansiedade e ameaça. No segundo círculo, os valores à direita têm um enfoque de preocupação pessoal com resultados para si mesmo (individualistas); os valores localizados à esquerda têm enfoque de preocupação social com os resultados para os outros ou para instituições organizacionais (coletivistas). O terceiro círculo mais ao centro indica as quatro dimensões antagônicas e bipolares: autopromoção *versus* autotranscendência, e abertura à mudança *versus* conservação. Na dimensão "autopromoção" encontramos os valores que enfatizam superar as possíveis fontes de ansiedade por meio de uma conquista de uma posição dominante ou de admiração; na dimensão "autotranscendência" encontramos valores que enfatizam a promoção do bem-estar dos outros; na dimensão "abertura à mudança" assumem-se valores que enfatizam a autonomia e experiências autodirigidas; e na "conservação" temos valores que enfatizam a evitação de conflito, mudança por submissão e aceitação pacífica do *status quo* (LAPA, 2019). A teoria refinada de valores humanos apresenta dezenove tipos motivacionais (ou valores) com suas respectivas metas motivacionais. Cito o valor "estimulação", cuja meta é excitação e novidade; o valor "realização", que tem por meta o sucesso conforme as normas sociais; "poder de domínio", que representa o controle humano sobre as pessoas; e o valor "autodireção de ação", que exprime a liberdade do indivíduo para determinar suas próprias ações.

Segundo Pato (2004), a teoria de valores humanos de Schwartz "tem sido apontada como a mais proeminente sobre valores, sendo uma das perspectivas mais promissoras da psicologia social e da transcultural, avançando em relação às demais perspectivas" (p. 37) em diversos países. Muitos pesquisadores têm afirmado que, atualmente, o estudo de valores de Schwartz é o mais extenso e eminente sobre valores, sendo reconhecido como a teoria mais aplicável ao estudo de valores (FELDMAN, 2003 apud LAPA, 2019).

Pelo estudo da teoria de valores humanos de Schwartz, é possível investigar os valores dos indivíduos, suas motivações e as das organizações frente aos novos desafios da quarta revolução industrial. Uma extensão dos valores humanos orienta os comportamentos aceitáveis dentro de uma sociedade, a ética profissional.

ÉTICA PROFISSIONAL E VALORES HUMANOS

Como um conjunto de normas, valores e condutas de comportamento que formam a consciência do profissional no ambiente de trabalho e no exercício de sua atividade nas organizações (COUTINHO, 2019), a ética profissional, sob o ponto de vista da empresa, tem grande importância no ambiente corporativo. Isso acontece pelo fato de permitir que o ambiente de trabalho possa ser harmonioso, refletindo diretamente no nível de comprometimento do grupo.

Atualmente, as organizações, incluindo as indústrias, têm aumentado o interesse por profissionais com atitudes éticas (ANDRADE, 2017). Essa visão se contrapõe ao quadro de instabilidade política, econômica, social, emocional e espiritual em que a sociedade, brasileira ou estrangeira, se encontra, provocado por condutas aéticas.

Nesse frágil panorama social, muitas vezes decorrente da ausência de valores que conduzem o comportamento, as escolhas, decisões e ações éticas dos indivíduos, diversas atitudes podem interferir no desenvolvimento das atividades profissionais. Portanto, para uma quarta revolução industrial, espera-se restabelecer, recompor e solidificar o conjunto de valores positivos nos indivíduos.

Imagina-se que dificilmente alguém com uma ética bem fortalecida alcançará algum objetivo considerado aético, ou seja, nossa ética pauta e define quem somos no presente, mas também quem desejamos ser no futuro (PORTAL DALE CARNEGIE, 2019).

Quanto mais o indivíduo se apegar aos seus princípios éticos, mais estável e consistente se tornará em seu estilo de vida pessoal e profissional. A ética não apenas melhora o modo de viver, mas também estabelece um caminho definido, um conjunto de valores para se apegar, que pode nos levara um objetivo final (PORTAL DALE CARNEGIE, 2019).

Para alcançar metas e objetivos em tempos de Indústria 4.0, a ética profissional deve proporcionar ao trabalhador um exercício diário e prazeroso de honestidade, comprometimento, confiabilidade, entre outros valores que conduzem o seu comportamento e a tomada correta de decisões em suas atividades (ANDRADE, 2017).

Segundo a visão de autores consagrados, a ética profissional é uma parte da ciência moral. Dessa forma, procura a humanização do trabalho organizado, isto é, procura colocá-la a serviço do homem, da sua promoção, da sua finalidade social. Ainda é tarefa da ética profissional realizar uma reflexão crítica, questionadora, que tenha por finalidade salvar o humano, a hipoteca social de toda atividade profissional (BARCHIFONTAINE, 1991 apud TREVISAN et al., 2002).

Segundo Andrade (2017), alguns fundamentos da ética profissional determinam que a sociedade valorize os profissionais que possuem requisitos como perseverança na busca de seus objetivos e metas; iniciativa para buscar solucionar as questões apresentadas; trabalho em grupo, de modo a construir um espírito de equipe; ambição na busca de crescimento pessoal e profissional; relacionamento interpessoal baseado na compreensão, ajuda mútua, respeito e consideração, entre outros.

Estes quesitos serão seguidos nas atribuições das profissões para as novas tecnologias das Indústrias 4.0, incorporando as suas regras internas nos futuros Códigos de Ética. O avanço tecnológico esperado pela quarta revolução industrial trará um crescimento vertiginoso da informação e dos meios de comunicação, possibilitando a construção de novas percepções e novos espaços para atuação profissional, consequentemente, com valores condizentes às novas realidades.

Para as autoras Caetano e Silva (2009), o princípio do respeito pelo ser humano e pelas regras e normas estabelecidas pelas organizações é considerado como o valor básico em todas as profissões. Outros, como autonomia e liberdade, solidariedade, igualdade, honestidade e verdade, beneficência, veracidade, confidencialidade, fidelidade, privacidade, justiça, competência e responsabilidade, oferecem apoio àquele valor básico.

VALORES HUMANOS E O PERFIL DO PROFISSIONAL EM TEMPOS DE INDÚSTRIA 4.0

As revoluções industriais no passado iniciaram-se a partir do momento em que a energia a vapor foi introduzida, na segunda metade do século XIX. A invenção da eletricidade estabeleceu outras novas tecnologias no final do século XIX. O início do século XX viu o lançamento da linha de montagem no processo de fabricação e, mais tarde, na segunda metade do mesmo século, o processo de fabricação controlado por computador mudou o mundo industrial novamente (KINZEL, 2017, p. 71).

Todas essas revoluções mudaram nossas sociedades e a maneira como vivemos. Os trabalhadores tiveram de se adaptar aos novos sistemas e adquiriram novas habilidades. Consequentemente, determinados valores humanos foram agregados aos novos processos de globalização.

Com o olhar no futuro, o trabalhador deverá estar apto a mudanças, com um alto poder de adaptação às novas exigências tecnológicas impulsionadas pela Indústria 4.0, incorporando valores humanos (ou tipos motivacionais) como conceitos do desejável que guiam a vida das pessoas, selecionam ações, avaliam indivíduos e eventos (SCHWARTZ, 1999, 2005).

Cita-se o valor humano de realização (SCHWARTZ, 1992, 1999, 2005), que tem por meta motivacional o sucesso de acordo com as normas sociais (SCHWARTZ et al., 2012) para o perfil do profissional contemporâneo que envolve uma pessoa ética, com força de vontade, tendo uma missão, visão e valores profissionais e pessoais.

Para esta nova era do conhecimento, o Quadro 2.1 exibe outros valores da teoria de valores humanos de Schwartz et al. (2012) e os respectivos perfis dos profissionais nas atividades da Indústria 4.0:

Quadro 2.1 Teoria dos valores humanos

Valores humanos	Perfis dos profissionais	Fonte
Universalismo- -compromisso	Profissional com sabedoria, atitude e empatia ao saber se colocar no lugar do outro.	Pereira et al. (2018)
Universalismo- -tolerância	Flexibilidade em saber lidar e ter uma boa convivência com as pessoas e com os robôs da Indústria 4.0 torna-se fundamental.	Pereira et al. (2018)
Estimulação	Necessidade de profissionais com formação integrada nas diversas formas de conhecimento, exigindo trabalhar com equipes multidisciplinares e com capacidade de interação de diferentes áreas de conhecimento.	Aires, Moreira e Freire (2017)
Autodireção de pensamento	Os profissionais devem apresentar características como habilidades sociais, mais criatividade, capacidade de tomar decisões em cenários de incerteza, serem propositivos e gerir novas ideias.	Roncati, Silva e Madeira (2018)
Autodireção de ação	Profissionais com este valor surgem com oportunidades para serem mais autônomos e usufruírem de uma maior liberdade no controledo seu trabalho, exigindo também um nível de qualificação superior.	Bauer et al. (2015)

Valores humanos	Perfis dos profissionais	Fonte
Segurança pessoal	Não basta o profissional possuir novas habilidades no trabalho, há também um componente de bem-estar, com suporte ao comportamento ergonômico e saudável no local de trabalho.	Ras et al. (2017)
Poder sobre recursos	As empresas devem reconhecer a importância estratégica dos trabalhadores, sendo necessárias novas interfaces homem-máquina que permitam novos modos de interação adaptados às novas restrições de trabalho.	Santos et al. (2018)
Conformidade com regras	Os profissionais na Indústria 4.0 deverão ter foco no trabalho em equipe, com capacidade de seguir regras e normas, trocando conhecimento explícito e tácito.	Hecklau et al. (2017)
Conformidade interpessoal	Trabalhadores com competência social envolvendo conhecimentos e habilidades para realizar objetivos e planos em interações sociais, caracterizadas por comportamentos comunicativos, cooperativos em relação a outras pessoas, ética e empatia.	Schaper et al. (2012) apud Costa (2018)
Universalismo-tolerância	Profissionais que aceitam mudanças, especialmente alterações relacionadas ao trabalho devido à rotação de tarefas ou reorientações, com tolerância à ambiguidade.	Hecklau et al. (2016)

Fonte: Schwartz et al. (2012).

CONSIDERAÇÕES FINAIS

A quarta revolução industrial – Indústria 4.0 – caminha para grandes transformações, impondo aos futuros profissionais novos requisitos de habilidades e competências, com alto poder de adaptação às novas exigências tecnológicas.

Embora o conceito de Indústria 4.0 ainda não tenha se expandido globalmente, tem a pretensão de melhorar diversos aspectos da vida humana. Consequentemente, os acertos ou os erros das organizações dependem em parte de como o capital humano é orientado, exigindo profissionais criativos, inovadores e colaborativos.

Diante da novidade que representa a Indústria 4.0 e das mudanças cada vez mais rápidas causadas pelas tecnologias dessa nova revolução, torna-se importante compreender o perfil dos profissionais nessa nova era digital. Observando os diferentes perfis, percebem-se valores humanos os quais orientam as condutas de cada indivíduo. Estes valores são determinantes para o sucesso nas aprendizagens e motivações para lidar com os desafios do conhecimento e competência relacionados às novas tecnologias e processos da Indústria 4.0.

Como continuidade para futuras pesquisas, sugere-se aprofundar a investigação do perfil dos profissionais em suas respectivas profissões, visando identificar os valores humanos que influenciam na vida destes profissionais, tencionando qualificá-los a uma formação multidisciplinar para alavancar o processo produtivo e adequá-los às futuras tecnologias.

REFERÊNCIAS

AIRES, Regina W. A.; FREIRE, Patrícia de S.; SOUZA, João A. Educação Corporativa como ferramenta para estimular a inovação nas organizações: uma revisão de literatura. In: Congresso Brasileiro de Gestão do Conhecimento – Km Brasil, 13., 2016, São Paulo. *Anais [...]* São Paulo: SBGC, 2016.

AIRES, Regina W. A.; MOREIRA, Fernanda K.; FREIRE, Patrícia S. Indústria 4.0: competências requeridas aos profissionais da quarta revolução industrial. In: Congresso Internacional de Conhecimento e Inovação, 7., 2017, Foz do Iguaçu. *Anais [...].* Foz do Iguaçu: UFSC, 2017.

ANDRADE, Inacilma R. S. Ética geral e profissional. Salvador: UFBA, Faculdade de Ciências Contábeis; Superintendência de Educação à Distância, 2017. 64 p.

BALDASSARI, Paul; ROUX, J.D. Industry 4.0: Preparing for the Future of Work. *HR People & Strategy,* v. 40, n. 3, p. 20-23, verão 2017.

BAUER, Wilhelm et al. Transforming to a Hyperconnected Society and Economy – Towards an "Industry 4.0". *Procedia Manufacturing,* n. 3 (suplemento C), p. 417-424, 2015.

CAETANO, Ana P.; SILVA, Maria de L. Ética profissional e formação de professores. *Revista de Ciências da Educação,* n. 8, p. 49-60, jan./abr. 2009.

COSTA, Filipe M. P. *Identificar e caracterizar as competências necessárias ao profissional de Engenharia e Gestão Industrial para enfrentar a Indústria 4.0.* 2018. 177 f. Dissertação (Mestrado em Engenharia Industrial) – Faculdade de Engenharia, Universidade do Minho, Braga, 2018.

COUTINHO, Kely. Ética profissional: as principais condutas e benefícios no trabalho. *Tua Carreira,* 12 jan. 2019. Disponível em: https://www.tuacarreira.com/etica-profissional/. Acesso em: 10 ago. 2019.

HECKLAU, Fabian et al. Holistic Approach for Human Resource Management in Industry 4.0. *Procedia CIRP,* v. 54, p. 1-6, 2016.

HECKLAU, Fabian et al. Human Resources Management: Meta-Study –Analysis of Future Competences in Industry 4.0. In: HECKLAU, Fabian et al. *Proceedings of the International Conference on Intellectual Capital, Knowledge Management & Organizational Learning,* 2017. p. 163-174.

HERMANN, Mario; PENTEK, Tobias; OTTO, Boris. *Design Principles for Industrie 4.0 Scenarios:* a Literature Review. Working paper, 2015. DOI: https://doi.org/10.1109/HICSS.2016.488.

HWANG, Jennie S. The Fourth Industrial Revolution (Industry 4.0): intelligent manufacturing. *SMT Magazine,* jul. 2016.

KAGERMANN, H.; WAHLSTER, W.; HELBIG, J. *Securing the future of German manufacturing industry:* recommendations for implementing the strategic initiative Industrie 4.0. Frankfurt, 2013.

KARACAY, Gaye. Talent Development for Industry 4.0. In: USTUNDAG, Alp; CEVIKCAN, Emre. *Industry 4.0*: managing the digital transformation. Istanbul: Springer, 2017. p. 123-136.

KINZEL, Holger. Industry 4.0 – where does this leave the human factor? *Journal of Urban Culture Research*, v. 15, 2017.

LAPA, Luiz G. Jr. *Mapeamento de valores e compreensão do jeitinho brasileiro em estudantes do ensino fundamental do Distrito Federal.* 2019. 164 f. Tese (Doutorado em Educação) – Faculdade de Educação, Universidade de Brasília, Brasília, 2019.

OLIVEIRA, Inês R. *Indústria 4.0*: um novo paradigma técnico-económico? 2017. 50 f. Dissertação (Mestrado em Economia e Gestão da Inovação) – Faculdade de Economia, Universidade do Porto, Cidade do Porto, 2017.

PATO, Claudia. *Comportamento ecológico:* relações com valores pessoais e crenças ambientais. 2004. 164 f. Tese (Doutorado em Psicologia) – Faculdade de Psicologia, Universidade de Brasília, Brasília, 2004.

PEREIRA, Jéssica A. et al. Indústria 4.0 e a formação do perfil profissional contemporâneo. In: Simpósio de Engenharia de Produção, 2018. *Anais [...]*. Catalão: Universidade Federal de Goiás – Regional Catalão, 2018.

PORTAL DALE CARNEGIE. *A importância da ética profissional.* 2019. Disponível em: https://portaldalecarnegie.com/importancia-da-etica-profissional/. Acesso em: 11 ago. 2019.

RAS, Eric et al. Bridging the skills gap of workers in industry 4.0 by human performance augmentation tools – challenges and roadmap. In: International Conference on Pervasive Technologies Related to Assistive Environments, 10., 2017. *Proceedings [...]*. Island of Rhodes: Association for Computing Machinery, 2017.

ROHAN, M. J. A rose by any name? The values construct. *Personality and Social Psychology Review*, v. 4, p. 255-277, 2000.

RONCATI, J.; SILVA, M. T. A.; MADEIRA, F. O desafio dos empregos na quarta revolução industrial. In: SILVA, E. B. et al. (ed.). *Automação e sociedade*: quarta revolução industrial: um olhar para o Brasil. Rio de Janeiro: Brasport, 2018. p. 211-225.

SANTOS, P. B. et al. Indústria 4.0: desafios e oportunidades. *Revista Produção e Desenvolvimento*, v. 4, n. 1, p. 111-114, 2018.

SCHWARTZ, Shalom H .Universals in the content and structure of values: theoretical advances and empirical tests in 20 countries. *Advances in Experimental Social Psychology*, v. 25, p. 1-65. San Diego: Academic Press, 1992.

SCHWARTZ, Shalom H. A theory of cultural values and some implications for work. *Applied Psychology – An International Review*, v. 48, p. 23-47, 1999.

SCHWARTZ, Shalom H. Valores humanos básicos: seu contexto e estrutura intercultural. In: TAMAYO, Álvaro; PORTO, Juliana. B. (org.). *Valores e comportamento nas organizações*. Petrópolis: Vozes, 2005. p. 21-55.

SCHWARTZ, Shalom H. et al. Extending the cross-cultural validity of the theory of basic human values with a different method of measurement. *Journal of Cross-Cultural Psychology*, v. 32, n. 5, p. 519-542, 2001.

SCHWARTZ, Shalom H. et al. Refining the theory of basic individual values. *Journal of Personality and Social Psychology*, American Psychological Association, jul. 2012.

SCHWARTZ, Shalom H.; BILSKY, Wolfgang. Toward a universal psychological structure of human values. *Journal of Personality and Social Psychology*, v. 53, n. 3, p. 550-562, 1987.

TESSARINI, Geraldo; SALTORATO, Patrícia. Impactos da Indústria 4.0 na organização do trabalho: uma revisão sistemática da literatura. *Revista Produção Online*, Florianópolis, v. 18, n. 2, p. 743-769, 2018.

TREVISAN, Maria A. et al. Aspectos éticos na ação gerencial do enfermeiro. *Revista Latino-Americana de Enfermagem*, v. 10, n. 1, jan./fev. 2002.

CAPÍTULO 3
A TECNOLOGIA E SEUS IMPACTOS NAS ÁREAS FUNCIONAIS DA ADMINISTRAÇÃO

Rodrigo Bombonati de Souza Moraes
Marco Antonio Gonsales de Oliveira
André Accorsi

INTRODUÇÃO

Finanças e marketing, duas áreas importantes dentro do campo da administração, devem ser profundamente afetadas pelo uso das novas tecnologias. Apesar do viés mais conservador da área financeira, da importância dada às regras e aos detalhes e da preocupação com a estruturação de processos, ela será obrigada a rever diversos processos, aproveitando os novos recursos disponibilizados principalmente pela inteligência artificial, *machine learning*, *blockchain* e *data analytics*.

Já a área de marketing, mais aberta e criativa, terá que aprender a construir a ponte entre sua ênfase qualitativa, no Brasil, e as metodologias quantitativas, já amplamente utilizadas no exterior, apoiadas em *big data*, *data analytics*, *chatbots* e inteligência artificial.

Após a Segunda Guerra Mundial, e muito por conta do desenvolvimento de tecnologias bélicas, a indústria passa a utilizar a eletrônica, a robótica e a internet para ampliar sua produtividade, gerando, por exemplo, o fenômeno das fábricas escuras, conhecidas pela ausência de trabalhadores e que funcionavam apenas com robôs, prescindindo, assim, de iluminação nas plantas fabris.

Nos anos 1990, já se viam as primeiras tentativas de integração dos sistemas e processos organizacionais por meio dos sistemas de gerenciamento de relacionamento com clientes (CRM), sistemas de planejamento de recursos empresariais (ERP), sistema executivo de fabricação (MES), entre outros.

A gestão de recursos humanos, responsável por direcionar o trabalho humano conforme os valores e objetivos das empresas, passa por grandes reestruturações para assimilar o conjunto das novas tecnologias denominadas de Indústria 4.0. Os novos sistemas computacionais agora tomam decisões, demitem, contratam, avaliam, bonificam e penalizam trabalhadores e trabalhadoras, atividades outrora realizadas por gestores e gestoras.

Não por isso a gestão de recursos humanos desaparecerá, mas será, cada vez mais, responsável apenas por administrar gestores e gestoras e um grupo de profissionais de alta qualificação. A massa de trabalhadores das atividades operacionalizadas será regida conforme normas e regras programadas por matemáticos, engenheiros, físicos e por programadores de sistemas em geral.

A Indústria 4.0 implica enormes transformações nas organizações, nos conhecimentos administrativos, nas áreas funcionais das empresas e no controle e na organização do trabalho, transformações que impactam não somente os trabalhadores menos qualificados e suas atividades operacionais, mas também os qualificados e os representantes da gerência.

Neste capítulo, objetivamos refletir sobre os impactos da Indústria 4.0 no campo da administração, tendo em vista a adoção das tecnologias nas seguintes áreas funcionais: finanças, marketing, produção, logística e recursos humanos.

A TECNOLOGIA E AS FINANÇAS

Tradicionalmente, a área de finanças nas empresas é conhecida pelo foco mais conservador, pela orientação para regras e detalhes e pela preocupação com a estruturação de processos. Essas características devem-se, entre outros motivos, à sua ligação histórica com a contabilidade e a auditoria. O mundo atual exige uma profunda mudança nessa visão tradicional, e a tecnologia tornou-se um poderoso fator facilitador do processo de inovação na área.

Um estudo publicado pela KPMG (2018), reunindo as opiniões de mais de 500 diretores financeiros em todo o mundo, detalha as principais mudanças derivadas das novas tecnologias que devem afetar a área de finanças:

a) Ao mesmo tempo que continua necessário manter o rígido controle sobre os resultados da empresa, a área precisará estar atenta às oportunidades de mercado, às ameaças e descontinuidades no setor de atuação da empresa e à retenção de clientes. O profissional de finanças deverá atuar como um estrategista criativo na alocação do capital da empresa, assumindo um papel central no processo de inovação da empresa. Deverá gerenciar os investimentos em inovação como um portfólio, alinhado aos objetivos estratégicos e ao programa de governança da empresa.

b) A tecnologia será utilizada pelos profissionais de finanças na atualização de seus modelos operacionais tradicionais. Os benefícios alcançados com o uso do *enterprise resource planning* (ERP), hospedado na nuvem (*cloud*), e da *robotic process automation* (RPA) incluem redução de custos e riscos, melhoria de eficiência e aumento da segurança no ambiente virtual operado pela empresa.

Em 2018, segundo o mesmo estudo, 58% dos líderes em finanças já exploravam, em suas empresas, tecnologias como *machine learning* e inteligência artificial.

c) O sucesso da área financeira será medido pela sua capacidade de saber explorar o uso de *blockchain* e *data analytics*, além de repensar a natureza dos centros de serviços distribuídos. A inteligência artificial será importante para melhorar as projeções atuais e a alocação de recursos da empresa.

d) A área financeira da empresa ocupará um lugar privilegiado na empresa, por possuir, ao mesmo tempo, a permissão e a obrigação de integrar estratégia, finanças e análise de dados. É a área que coordena e define a agenda de como trabalhar os dados da empresa. A coleta tradicional de dados históricos da empresa, já automatizada no passado, focada na descrição e análise diagnóstica, deve mudar. As novas tecnologias, principalmente *data analytics*, permitem criar duas novas visões: uma preditiva (o que deve acontecer no futuro) e outra prescritiva (o que deveria se fazer quanto a isso). A capacidade da tecnologia atual permite trabalhar com grandes bases de dados (*big data*) e melhora o processo decisório de alocação de capital na expansão dos negócios da empresa.

e) A transformação digital exigirá que a área de finanças apoie os negócios da empresa, combinando as poderosas capacidades de análise e estratégicas com as habilidades tradicionais de registro e controle. Isso exige que seja incorporada às habilidades tradicionais do profissional de finanças também a capacidade de relacionamento com as demais áreas da empresa.

f) A automação mudará o tamanho, a estrutura e o funcionamento da área de finanças, ao separar o conhecimento humano da execução automatizada e simplificar as operações da empresa. Deve diminuir a quantidade de profissionais trabalhando na área; ao mesmo tempo, os que permanecerem serão muito mais qualificados. Os níveis hierárquicos a e alocação *offshore* também devem diminuir.

g) Aproximadamente 60% a 70% dos atuais controles manuais devem ser automatizados nos próximos cinco a dez anos. O controle, consequentemente, deve melhorar e reduzir os riscos a que a organização está exposta.

Outro exemplo importante de como a tecnologia afeta a área de finanças refere-se às transformações ocorridas nas instituições financeiras no Brasil. O relatório da Febraban & Deloitte (2019) destaca que:

a) 60% das transações bancárias realizadas em 2018 utilizaram aplicativo *mobile* ou *internet banking*.

b) A participação do celular, crescente a cada ano, atingiu 40% do total de transações, envolvendo pagamentos de contas, transferências (incluindo DOC e TED), investimentos e aplicações. Foram três bilhões de transações financeiras via *mobile* no ano de 2018.

c) Além do *mobile*, cresceu também o uso das máquinas de débito e crédito (pontos de venda no comércio – POS). O consumidor se habituou a pagar com cartão suas compras do dia a dia, diminuindo as transações com dinheiro em espécie.
d) O surgimento das contas digitais, abertas pelo celular ou por *internet banking*, dispensam a presença do correntista na agência. Em 2018, 70 milhões de correntistas usaram o *mobile banking*.
e) Os investimentos em tecnologia, no setor bancário, atingiram aproximadamente R$ 20 bilhões em 2018.
f) Em termos estratégicos, as tecnologias que receberam os maiores recursos foram *big data* e *data analytics*. Na sequência vieram inteligência artificial e computação cognitiva, utilizadas principalmente para melhorar o relacionamento entre as instituições financeiras e o consumidor.
g) O atendimento via *chat*, realizado por profissionais que trabalham em *call centers*, cresceu 364% em 2018 e atingiu aproximadamente 138 milhões de interações. Já o atendimento via *chatbots*, realizado por robôs que usam linguagem natural e mais aprendem quanto mais são utilizados, cresceu 2.585% em 2018 e alcançou 80,6 milhões de interações. Os números indicam que, em breve, esse tipo de atendimento deve se concentrar nos *chatbots*.

Não se deve esquecer, ainda, do surgimento de um conjunto amplo de *fintechs*, bancos exclusivamente digitais e diferentes formas de criptomoedas, a partir do desenvolvimento das tecnologias emergentes atuais.

A TECNOLOGIA E O MARKETING

Diferentemente da área de finanças, os profissionais de marketing são mais criativos e demonstram, no imaginário do senso comum, pequena preocupação com regras, detalhes e estruturação de processos. Essas características devem-se, entre outros motivos, à sua ligação histórica com a comunicação social. A maioria dos profissionais de marketing, no Brasil, contrariamente ao que ocorre nos países desenvolvidos, se sente mais à vontade trabalhando com métodos qualitativos e resiste a utilizar métodos quantitativos mais avançados. A tecnologia pode ajudar a construir a ponte necessária entre os dois métodos. O uso de *data analytics*, por exemplo, permite compreender o comportamento presente e potencial dos consumidores e tomar decisões em diferentes contextos, melhorando o desempenho da área de marketing e o retorno do investimento (ROI) realizado.

Thom Gruhler, CEO e fundador da Fjuri, consultoria especializada em marketing digital, e ex-diretor de marketing de várias empresas, entre elas a Microsoft, identificou cinco tendências principais derivadas das novas tecnologias (GRUHLER, 2018).

A primeira tendência é a necessidade imperativa de separar o joio do trigo nas grandes bases de dados (*big data*) atualmente utilizadas. É inquestionável o enorme potencial do *big data*; o problema, entretanto, é separar os dados relevantes, que permitam ao profissional de marketing desenvolver campanhas mais inteligentes e focadas.

O uso da inteligência artificial, nesse sentido, contribui bastante. Otimizar a experiência do cliente é vital, o que exige identificar, com exatidão, como acontecem as vendas e o conteúdo da comunicação entre empresa/cliente.

A segunda tendência é o uso equilibrado entre ciência e arte. O uso de *machine learning* permite identificar padrões de comportamento e desenvolver estratégias criativas de marketing de conteúdo. O sucesso dessas estratégias, entretanto, dependerá da capacidade do profissional de marketing de identificar, com rapidez, as variáveis explicativas da interação entre consumidor/conteúdo e sua relação com o posterior processo decisório de compra.

A terceira tendência é a necessidade de aprofundar a integração entre inteligência artificial (IA) e a experiência do cliente. Recentemente, as pessoas começaram a perceber os impactos da inteligência artificial e criaram, no curto prazo, algumas expectativas exageradas em relação à tecnologia. Concretamente, de imediato, compete ao profissional de marketing, com o conhecimento já acumulado, desenvolver a experiência do cliente utilizando *chatbots*, reforçando a ligação entre empresa e cliente.

A quarta tendência é o desenvolvimento de marcas por meio de estórias (*storytelling*) que constroem uma relação de lealdade entre a marca e o consumidor final. Tradicionalmente são utilizados recursos audiovisuais, explorando uma ideia ou conceito, sem que haja necessidade de uma venda direta. Os resultados já alcançados no passado podem ser ampliados significativamente, aproveitando a presença disseminada do *mobile* e das redes sociais.

A quinta e última tendência trata do uso de anúncios on-line. Os anúncios nativos (*native ads*), criados mais recentemente, têm a aparência de ser parte do conteúdo editorial de uma página da internet e procuram direcionar o tráfego para o site da empresa. Os *display ads* são anúncios pagos, separados do conteúdo editorial da página, e causam muita reclamação de usuários que navegam no ciberespaço. Para combatê-los, há vários programas de bloqueio de *pop-ups*. A eficácia dos anúncios on-line caiu bastante desde sua criação. Apesar disso os profissionais de marketing continuam investindo recursos consideráveis em anúncios na internet, *mobile* e em redes sociais. O futuro exige que os profissionais de marketing se assegurem de que possuem a tecnologia adequada e os dados relevantes do cliente, oferecendo a entrega correta de conteúdo e experiência no canal e no momento corretos.

A TECNOLOGIA NA PRODUÇÃO E AS *SMART FACTORIES*

Com o aprofundamento das tecnologias de informação (TIC) e o incremento da engenharia industrial, termos como cibernética, inteligência artificial, internet das coisas, *big data*, entre outros, entram no campo organizacional industrial e de serviços de modo inconteste. Servem, entre outras coisas, para integrar e controlar a produção a partir de sensores e equipamentos conectados em rede, fundindo mundo real e mundo virtual, componentes físicos e cibernéticos, para melhorar a produtividade, a eficiência e a confiabilidade (BECKERAB; STERN, 2016).

Hoje, a empresa manufatureira deve aplicar eficaz e eficientemente a tecnologia da informação e a engenharia, baseada no conhecimento. Novos paradigmas de fabricação, como empresa virtual (ou empresa estendida) e personalização em massa, são o resultado de um sistema altamente distribuído e autônomo de fabricação. Por um lado, deve aumentar a competitividade de uma empresa, ao atender, prontamente, as dinâmicas mudanças do mercado; por outro lado, implica maior dificuldade para integrar diferentes sistemas (informação e conhecimento), presentes em cada empresa membro. Essa integração também é chamada de *enterprise application integration* (EAI) (LIU et al., 2008).

Observamos que, do ponto de vista da teoria organizacional (MOTTA, 2001), o modelo diferenciação-integração, presente na teoria da contingência, ajuda a explicar esse novo cenário de aumento da complexidade do sistema (maior número de variáveis em interação) e de dificuldade de controle sobre os processos, donde a tecnologia procura servir a tal integração.

As plataformas industriais da internet (IIP) gerenciam a interação entre os componentes físicos e cibernéticos, que são o núcleo na operação dos sistemas industriais. As plataformas estendem seu gerenciamento para todas as etapas do ciclo de vida do produto. Por exemplo, a Siemens desenvolveu um IIP chamado MindSphere para realizar a interconexão de cerca de 1 milhão de dispositivos e sistemas, fornecendo-lhes serviços de manutenção preditiva (JUNLIANG et al., 2020).

De acordo com Junliang et al. (2020), existem três estágios de desenvolvimento da plataforma de internet industrial.

A primeira consiste no modelo software como serviço (SaaS) com várias informações da empresa em sistemas (por exemplo, *manufacturing execution system* – MES, *supply chain management* – SCM) para apoiar a operação de sistemas de fabricação. O Quadro 3.1 sintetiza os sistemas criados para esse fim.

Quadro 3.1 Síntese dos sistemas de informação empresariais da primeira fase

Autores	Sistemas
Oppong et al. (2005)	Desenvolveram sistema de gerenciamento de fluxo de trabalho (WfMS) para melhorar a eficiência do processo: melhoria da disponibilidade de informações, padronização de processos, atribuição de tarefas de forma automática, rastreamento de processos relacionados a informações e ao *status* de cada instância do processo.
Li et al. (2006)	Desenvolveram sistema de gerenciamento de relacionamento com o cliente (CRM) SaaS. Tal sistema gerencia clientes e utiliza um processo padrão para explorar oportunidades de mineração de dados entre setores.
Marcello et al. (2011)	Propuseram sistema de gerenciamento de processos (BPM) em uma plataforma SaaS, que reduz o tempo de resposta de tarefas de negócios, as quais são realizadas em ambiente mutável.
Li et al. (2012)	Propuseram um modelo que integra rede sem fio híbrida, que serve como filtro dos serviços em nuvem que apresentem requisitos de acesso ao serviço, além de credenciais de segurança referentes ao usuário.

Fonte: adaptado de Junliang et al. (2020, p. 2).

A segunda fase decorre do crescimento exponencial do *big data* nas indústrias, o que força as empresas a buscar formas de analisar esses dados. Já em 1994, Zhang acentuava, em sua tese, a importância dos dados na integração de sistemas corporativos, o que permitiria o gerenciamento e otimização refinados (JUNLIANG et al., 2020). Para tanto, indicava a necessidade de construção de um *data modelling* enquanto procedimento para utilizar um *data model* (estrutura de conceitos a serem usados para expressar a semântica do minimundo) que definirá a aplicação de um *database* (coleção de dados relacionados) (ZHANG, 1994).

A plataforma de *big data* emerge como uma das principais tecnologias subjacentes a outros tipos de sistemas de informações empresariais para que se otimizem as capacidades de otimização colaborativa. Em meio a constantes mudanças, os sistemas fabris encontram novos desafios na era da Indústria 4.0. Assim, apenas se integrar os diferentes sistemas de informações empresariais a plataforma de *big data* poderá adaptar as organizações ao ambiente dinâmico em mudança constante (JUNLIANG et al., 2020). O Quadro 3.2 sintetiza os modelos criados para tratar dos dados nas empresas.

Quadro 3.2 Síntese dos modelos para tratamento de *big data* da segunda fase

Autores	Modelos
Bala et al. (2017)	Propuseram uma abordagem de distribuição refinada para extração de dados de diferentes conjuntos de dados.
Sun et al. (2015)	Propuseram um novo método de integração de dados, usando algoritmos de classificação específicos.
Wen et al. (2014)	Propuseram um novo design e desenvolvimento do sistema ETL para limpeza, transformação e integração de dados ambientais marinhos, e ofereceram interfaces de acesso a dados.
Chen et al. (2017)	Propuseram melhoria no algoritmo aplicado ao aprendizado de integração de grandes dados.
Di et al. (2011)	Propuseram um novo método inovador de design, o GrHyMM, que pode integrar matérias-primas heterogêneas estruturadas e não estruturadas de dados.
Andrzejak et al. (2013)	Propuseram um método de fusão eficiente de árvores de decisão em uma única árvore de decisão, para aprendizado paralelo e aprendizado com dados distribuídos.
Baumann et al. (2016)	Apresentaram e discutiram os principais resultados do projeto Earth Server e expuseram análise e aplicação de *big data* da Terra.
Soltanpoor et al. (2016)	Propuseram uma estrutura de análise descritiva, preditiva e prescritiva de *big data*, que vincula o *insight* extraído dos dados às ações geradas pertinentes.
Wen et al. (2019)	Propuseram método para analisar conjuntos de dados usando modelagem de rede neural, relacionada à mineração de dados e ao diagnóstico de falhas.

Fonte: adaptado de Junliang et al. (2020, p. 2).

Finalmente, o terceiro estágio de plataforma de internet industrial (IIP) é uma resposta à crescente conectividade oriunda da internet das coisas (IoT), apresentando novas oportunidades para a IIP mesclar os componentes industriais físicos e os sistemas de informação empresariais. A empresa ABB, por exemplo, criou um centro de telesserviços digital para inversores (*inverters*) eficientes energeticamente, que fornecem acesso remoto ponta a ponta a conversores de frequência em plantas dos usuários finais, a fim de realizar monitoramento de condições e manutenção (JUNLIANG et al., 2020). Ainda como exemplo, o desempenho das máquinas industriais da ABB Robotics, durante a operação, pode ser monitorado remotamente e ajustado pelos usuários finais (PORTER; HEPPELMANN, 2015). As próximas gerações de soluções e serviços digitais seriam desenvolvidas e construídas com base na nuvem (Microsoft Azure) e em trabalhos com a IBM Watson IoT, apostando, assim, na análise cognitiva em tempo real na fábrica inteligente, conforme traremos a seguir, no campo da computação cognitiva (JUNLIANG et al., 2020).

Embora a plataforma de internet industrial pretenda conectar todas as unidades organizacionais, há desafios concretos como a impossibilidade da plataforma de internet industrial de melhorar a performance da manufatura por ela mesma, a baixa capacidade de financiamento das empresas nessas tecnologias, além do fato de a construção da internet industrial ainda estar na fase infantil, tamanho o percurso a ser percorrido (JUNLIANG et al., 2020).

As chamadas fábricas inteligentes (*smart factories*) parecem ser o tipo ideal de utilização dos sistemas ciberfísicos (*cyber-physical systems* – CPS) em sistema modular. Os CPS monitoram os processos físicos, criando uma cópia virtual do mundo físico. Pela internet das coisas (IoT), comunicam-se e cooperam entre si e com as pessoas, e pela internet de serviços (IoS) oferecem-se serviços internos e externos na cadeia de valor (SACOMANO et al., 2018).

Tecnicamente, a Indústria 4.0 baseia-se num CPS que busca integrar a computação, o controle e a comunicação, na busca de fatores de produtividade nada recentes, mas que há muito entraram no vocabulário cotidiano organizacional e nos estudos da administração, quais sejam: produtividade, flexibilidade, qualidade e gerenciamento (SACOMANO et al., 2018).

Os "sistemas" servem para integrar a comunicação e o controle da produção, de modo que informações sejam produzidas e disponibilizadas instantaneamente. O "ciber" trata de conectar a comunicação com a computação, promovendo maior agilidade, acesso e documentação dos processos. Os "físicos" ligam a computação ao controle no monitoramento e solução de eventuais falhas no funcionamento dos processos.

Essa tecnologia de manufatura inteligente tem chamado muito a atenção dos países centrais e da China em virtude da sua capacidade de alcançar alta flexibilidade e eficiência, com baixo consumo de energia e menores custos de produção (CHEN et al., 2018). Além disso, as fábricas inteligentes (*smart factories*) procuram tomar decisões autonomamente e gerar cooperação distributiva entre agentes na busca de alta flexibilidade (WANG et al., 2016).

Assim, as fábricas inteligentes podem ser entendidas como "[...] um sistema multi--agente auto-organizado, auxiliado por *big data* baseado em feedback e coordenação" (WANG et al., 2016, p. 158).

Contudo, existem diversos desafios a ser enfrentados para acelerar a implantação efetiva das fábricas inteligentes, sendo o descompasso entre o campo da manufatura e o campo da informação um dos principais deles. Para Chen et al. (2018), na camada dos recursos físicos, os equipamentos físicos, para adquirir informações em tempo real, precisam ter suporte. Adicionalmente, os dispositivos de comunicação devem transmitir informações heterogêneas em alta velocidade. Para tanto, o local de trabalho deve ser flexível o suficiente para reconfigurar-se e adaptar-se rapidamente. Além disso, para atender aos requisitos da internet das coisas (IoT), é necessário o aprimoramento da inteligência dos equipamentos.

Na camada de rede, a internet industrial das coisas (IIoT) deve ser capaz de suportar novos protocolos e novo formato de dados com alta flexibilidade e escalabilidade, enquanto as redes industriais de sensores sem fio (IWSN) devem trazer novas oportunidades para o desenvolvimento de redes industriais (CHEN et al., 2018).

Finalmente, de acordo com os autores, na camada de aplicação dos dados, a plataforma de nuvens deve conseguir analisar a semântica de variados dados. Para tanto, a perspectiva ontológica é empregada na modelagem das fábricas inteligentes, a fim de se produzir a auto-organização, o autoaprendizado e a autoadaptação. E, para a tomada de decisão, cientificamente, deve-se lançar mão da análise de dados, adicionada à mineração de dados, que será utilizada para "garantir a otimização do projeto e a manutenção ativa" (CHEN et al. 2018, p. 6506).

Embora nos pareça clara a tentativa de integração dos sistemas ciberfísicos, na prática há muitos desafios a ser superados. Especificamente, os autores nos chamam a atenção para a integração de diferentes camadas nas fábricas inteligentes, a partir de fatores tecnológicos chaves, como a internet das coisas (IoT), o *big data* (grandes conjuntos de dados em diferentes formatos e escalas) e a computação em nuvem, de modo que, por um lado, o próprio sistema pudesse tomar decisões para corrigir falhas ou mesmo se reprogramar e, por outro, o sistema pudesse ser monitorado e reorganizado remotamente.

Do ponto de vista logístico, tradicionalmente, nas indústrias, a logística se tornou o aspecto central na cadeia de valor: para que a empresa seja competitiva, deve-se entregar uma mercadoria certa, com a quantidade e a qualidade certas, no horário e no local corretos, atendendo às condições especificadas e com um preço adequado (WANG, 2016). Dada sua importância, a logística será o assunto de uma seção específica.

A LOGÍSTICA 4.0

Porém, num cenário dinâmico e de incertezas na logística, preencher tais requisitos tornou-se ainda mais difícil, especialmente quando se considera o comportamento do consumidor. Para Wang (2016), aspectos como "[...] flexibilidade, adaptabilidade, proatividade e auto-organização ganham importância e só podem ser alcançadas por integração de novas tecnologias inteligentes" (WANG, 2016, p. 68).

A integração do CPS e IoT promete realizar um rastreamento em tempo real dos fluxos de materiais, a melhoria no manuseio de transporte e aumentar a precisão do risco de gestão (HOFMANN; RÜSCH, 2017). A evolução da internet das coisas (IoT) e da internet de serviços (IoS) junto com o *big data* tende a reduzir drasticamente a intervenção do trabalho humano em cada etapa da cadeia de suprimentos. Novas tecnologias, como o guia automático de veículos (AGV) e o robô de armazéns, além de realizar tal substituição, ainda tomam decisões que, anteriormente, eram tomadas por seres humanos (WANG, 2016). Exemplo disso é o sistema Kyva, utilizado pela Amazon (PISTONO, 2017).

Alguns componentes técnicos são importantes e devem ser utilizados, como (WANG, 2016):

a) Identificação automática: para se identificar objetos automaticamente, deve-se ter tecnologia de computação óptica, mecânica, elétrica, comunicações e outras tecnologias.

b) Localização em tempo real: o sistema de localização em tempo real (RTLS) serve para identificar objetos ou pessoas e rastreá-los por meio de redes sem fio.

c) Detecção inteligente: serve para detectar a condição dos objetos ou mercadorias ou mudanças em seu ambiente, e, em seguida, procurar fornecer uma solução correspondente, com tomada de decisão.

d) Rede (*networking*): a internet das coisas (IoT) é a rede de recursos físicos formada por dispositivos, veículos, edifícios e outros itens que, incorporados a eletrônicos, softwares, sensores e rede de conectividade, permitem a esses objetos coletar e trocar dados.

e) Análise de dados: a mineração de dados (*data mining* – DM) permite analisar e descobrir padrões, regras e conhecimento de *big data* coletado de várias fontes.

f) Internet para prestação de serviços: a prestação de serviços pela internet, ou internet de serviços (IoS), procura unir a força de trabalho e habilidades humanas a sistemas, informações, entre outros, permitindo que serviços sejam oferecidos via internet.

A logística 4.0 utiliza códigos de barras, radiofrequência, tecnologia de identificação, sensores, sistemas de posicionamento global e outros tipos de tecnologia de rede por meio do processamento de informações e comunicação estruturados numa rede de plataforma tecnológica (WANG, 2016).

Conceitualmente, o autor nos traz uma definição bastante precisa ao mostrar que a atual logística se refere a um termo coletivo, utilizado para as tecnologias e conceitos relativos à organização da cadeia produtiva. No âmbito da logística, o CPS "monitora processos físicos, cria uma cópia virtual do mundo físico e toma decisões descentralizadas" (WANG, 2016, p. 71). No âmbito da IoT, o CPS, em tempo real, troca informações e coopera entre si e com os seres humanos. Já o DM é utilizado para produzir conhecimento, de modo que dê suporte ao processo de tomada de decisão. Por sua vez, os serviços internos necessários, bem como os serviços interorganizacionais, que são oferecidos e utilizados por aqueles que participam da cadeia de valor, são possibilitados pelas plataformas de IoS (WANG, 2016).

Assim, na logística 4.0, ocorre a digitalização de todo o processo produtivo, desde a matéria-prima, passando por fábricas, transporte, comércio e serviços ao consumidor. Além disso, parece claro que, sem essa logística, as fábricas inteligentes não seriam possíveis ou o seriam apenas parcialmente.

RECURSOS HUMANOS: QUEM APAGA A LUZ?

Os termos "mídia social" e "web 2.0" foram criados por volta de 2005 para caracterizar as novas tecnologias que possibilitaram o desenvolvimento das redes sociais como Facebook, Twitter, LinkedIn, dentre tantas outras (FUCHS, 2014). A singularidade da nova web é a possibilidade de nos comunicarmos e interagirmos em tempo real com pessoas e máquinas. Soma-se a esta novidade da tecnologia o desenvolvimento e proliferação dos smartphones. No entanto, para além do desenvolvimento da tecnologia da informação e comunicação promovida pela web 2.0 e pelos smartphones, o que possibilita a transformação da organização e do controle do trabalho é a novidade de estarmos on-line o dia todo, produzindo informações (dados) sobre o que fazemos, o que compramos, o que e com quem falamos, onde estamos, para onde vamos, dentre tantas outras informações sobre as nossas vidas, diariamente publicadas e/ou surrupiadas pelas redes sociais, que as armazenam em grandes bancos de dados e as processam por intermédio de algoritmos. O objetivo é comercial: mapear o perfil psicossocial de cada usuário e vendê-lo.

Com toda certeza, você já utilizou o serviço prestado pelos motoristas das principais empresas de transporte particular por aplicativo, como Uber, 99 ou Cabify. Provavelmente, você também já solicitou comida ou algum tipo de produto por meio de empresas como iFood ou Uber Eats. Da mesma forma, alguma vez, você deve ter avaliado ou realizado alguma reclamação por meio dos aplicativos (plataformas digitais) sobre o serviço prestado, tanto pelos ciclistas e motociclistas como pelos motoristas de aplicativos. A mesma plataforma que utilizamos, como clientes, para nos relacionarmos com as empresas "uberizadas" são utilizadas para gerir e controlar o trabalho dos motoristas. Assim como o trabalho é determinado pelas plataformas, o preço, a remuneração, as punições, os incentivos também o são. Em outras palavras, as empresas uberizadas utilizam as plataformas digitais – uma combinação de lógica algorítmica, grande capacidade de armazenamento e processamento de dados – para administrar as relações de trabalho e de consumo.

Essa é a lógica da maioria das organizações uberizadas, que fazem parte de um setor amplo em pleno crescimento, intitulado, dentre muitos termos com ligeiras particularidades, economia de plataforma, economia compartilhada, economia *peer-to-peer* (de pessoa para pessoa), capitalismo de plataforma, economia *gig*, dentre outros. No entanto, a utilização das plataformas digitais para gerir o trabalho não está restrita às empresas dos setores uberizados.

A utilização das novas tecnologias da informação e comunicação na gestão de recursos humanos (GRH), como sabemos, não começou agora, com o advento do conjunto de novas tecnologias denominadas de Indústria 4.0. Há pelos menos 40 anos as empresas utilizam sistemas (programas de computadores) conhecidos como *manufacturing resource planning* (MRP e MRPII) ou *enterprise resource planning* (ERP) de auxílio à gestão. No entanto, os novos sistemas, agora denominados de plataformas digitais, avançam não apenas na organização de dados, na realização de cálculos, na previsão de demandas, mas na capacidade de tomar decisões – por exemplo, demitir e contratar pessoas, determinar tarefas e avaliá-las, recomendar cursos de aperfeiçoamento, dentre outras funções outrora realizadas por pessoas. Até tarefas intelectuais não rotineiras, que envolvem criatividade, resolução de problemas e reconhecimento de padrões, frequentemente consideradas como a expressão mais avançada da atividade humana, estão se tornando cada vez mais propensas à automação (EUROFOUND, 2018).

A pesquisa *The platformisation of work in Europe*, realizada em 13 países europeus durante os anos de 2016 a 2019 (HUWS, SPENCER, COATES, 2019), analisou, dentre outros temas, a utilização das plataformas digitais no trabalho em empresas que não fazem parte do setor da economia de plataforma, mas fazem uso de aplicativos ou sites para notificar os trabalhadores das novas tarefas que os aguardam e/ou para registrar o seu horário de trabalho. A pesquisa então comparou os resultados com os dos trabalhadores que atuam na economia de plataforma. Em todos os países pesquisados, mesmo somados os trabalhadores ocasionais e os trabalhadores frequentes da economia de plataforma, são mais numerosos os trabalhadores que utilizam aplicativos e sites para saber o que e quando fazer e que atuam fora desse setor. Os autores apontam que trabalhadores e trabalhadoras estão usando interfaces digitais para se comunicar com seus gerentes, sugerindo um declínio na comunicação presencial e pessoal nas organizações.

Uma outra pesquisa, de âmbito global, realizada pela PwC (CHARLIER; KLOPPENBURG, 2017), aponta que 40% das funções realizadas pelos departamentos de recursos humanos fazem uso de ferramentas que utilizam plataformas digitais capacitadas com inteligência artificial. Na vanguarda estão as empresas estadunidenses, europeias e asiáticas. Em todo o mundo, 50% das empresas abordadas pela pesquisa investirão na análise de dados para selecionar e desenvolver talentos e desenvolver a lealdade do profissional para com a empresa. A mesma pesquisa aponta que 39% das empresas acreditam que a tecnologia trará mudanças no perfil dos candidatos quanto às habilidades e competências necessárias para um futuro próximo. Por fim, 63% entendem como necessário repensar o papel do departamento de recursos humanos.

Nesse contexto, cresce o mercado das empresas que desenvolvem programas para a área de recrutamento e seleção. A empresa pioneira e mais conhecida é a Hirevue, mas existem muitas outras que oferecem programas semelhantes, como a Spark Hire, Seedlink, Montage, HackerRank, Jobvite e Wepow. São plataformas digitais que utilizam, por exemplo, vídeos de apresentação, pequenos questionários, informações curriculares, dados disponíveis e comercializados pelas inúmeras redes sociais, além de outros dados públicos digitalizados, e estabelecem perfis psicossociais dos pretendentes aos cargos, presumem seus futuros comportamentos e decidem, com base nos algoritmos programados, aqueles mais compatíveis com a missão e os valores da empresa.

Segundo, Martin Reeves, líder do BCG Henderson Institute, as equipes passarão a ser definidas por pessoas e algoritmos (FRABASILE, 2019).

No entanto, a utilização da lógica algorítmica para a tomada de decisão tem encontrado grandes obstáculos. À medida que as máquinas adquirem a capacidade de aprender, elas também replicam nossos valores e, portanto, nossos preconceitos estruturais de classe, gênero, raça, dentre outros. A Amazon, depois de anos de pesquisas, utilizou, em alguns setores, um programa para selecionar, avaliar e demitir funcionários. Produzido por homens brancos e de classe média, os algoritmos, ao acessarem e analisarem dados dos currículos aprovados historicamente pela empresa, compreenderam que homens eram a prioridade e, portanto, produziu novos algoritmos que deram preferência aos homens no processo de seleção. Os sistemas não são capazes de pensar por si só, portanto, são tão tendenciosos quanto os seres humanos que os constroem. Veja o que afirmou Niilesh Bhoite, diretor de recursos humanos digital do grupo L'Oréal: "Os algoritmos aprendem com as decisões tomadas pelos recrutadores" (CHARLIER; KLOPPENBURG, 2017).

Não é apenas a área de recrutamento e seleção que faz uso das novas plataformas digitais. Assim como acontece com as empresas da economia de plataformas, que nos estimulam a avaliar os seus trabalhadores, como frequentemente fazemos com motoristas de aplicativos ou entregadores de encomendas, agora as empresas fazem o mesmo entre os seus membros. A avaliação de desempenho amplia a sua abrangência e a sua capacidade de vigilância por intermédio das plataformas digitais. A empresa Seedlink oferece programas que, além de avaliar os profissionais, identificam possíveis líderes e avaliam o clima organizacional.

Voltando à Amazon: se você é um selecionador de produtos (um "*picker*"), o seu *scanner* informa a localização do material a ser coletado e faz a contagem regressiva do tempo que você irá levar para realizar a sua tarefa. Se você demorar mais do que o tempo previsto, o cronômetro é acionado e registra o tempo que você precisará compensar mais tarde para não perder pontos em sua avaliação (ADLER-BELL, 2019). Da mesma forma que a linha de produção de Henry Ford inovou ao determinar o ritmo do trabalho, agora a tecnologia avança controlando o tempo, avaliando cada trabalhador individualmente, instante por instante, em tempo real, e decidindo sobre o seu futuro.

O objetivo da área de recursos humanos é desenvolver modelos de gestão de pessoas que interfiram no comportamento humano e o direcione conforme os valores e objetivos da empresa (FISCHER, 2001). Nesse contexto, a gestão de recursos humanos não irá desaparecer com o advento das máquinas que tomam decisões, mas será reestruturado. Parte das suas funções será realizada por meio de algoritmos desenvolvidos por programadores – engenheiros e matemáticos –, principalmente no que tange à administração e ao controle dos trabalhadores e trabalhadoras do nível operacional. A gestão de recursos humanos será responsável pelos gestores, um grupo de profissionais cada vez mais reduzido e menos importante, e um grupo de profissionais de alta qualificação e muito poder. Como já apontava Fernando C. Prestes Motta: "[...] a automação favorece o crescimento das organizações à medida que facilita o controle na cúpula burocrática" (MOTTA, 1984, p. 69).

CONSIDERAÇÕES FINAIS

Neste capítulo, procuramos refletir sobre os impactos da tecnologia, genericamente, e da Indústria 4.0, especificamente, em algumas das áreas funcionais da administração.

Das finanças ao marketing, da produção à logística, a tecnologia segue transformando as relações de produção e as relações de trabalho, conforme vimos na seção acerca dos recursos humanos, e, por conseguinte, as relações sociais, como nos mostraram Marx e Engels (1988).

Exige, ademais, um novo formato de organizações e de trabalho, trazendo novas necessidades de formação e capacitação dos administradores para aprender a interpretar e agir sobre a realidade, cada vez mais complexa e efêmera.

A transformação tecnológica no campo da administração parece inevitável – tão inevitável quanto deve ser a crítica às suas consequências para as pessoas.

REFERÊNCIAS

ADLER-BELL, Sam. Surviving Amazon. *Logic Magazine*, n. 8 (Bodies), 3 ago. 2019.

BECKERAB, Till; STERN, Hendrik. Future trends in human work area design for cyber-physical production systems. *Procedia CIRP*, v. 57, p. 404-409, 2016.

CAPPELLI, Peter; TAMBE, Prasanna; YAKUBOVICH, Valery. Artificial intelligence in human resources management: challenges and a path forward. *SSRN Electronic Journal*, 2018.

CHARLIER, Robert; KLOPPENBURG, Sander. Artificial intelligence in HR: a no-brainer. PricewaterhouseCoopers (PwC), Netherlands, 2017. Disponível em: https://www.pwc.nl/nl/assets/documents/artificial-intelligence-in-hr-a-no-brainer.pdf. Acesso em: 16 mar. 2020.

CHEN, Baotong et al. Smart factory of industry 4.0: key technologies, application case, and challenges. Special section on key technologies for smart factory of Industry 4.0. *IEEE ACCESS*, v. 6, 2018.

EUROFOUND. *Automation, digitalisation and platforms*: implications for work and employment. Luxembourg: Publications Office of the European Union, 2018.

FEBRABAN – FEDERAÇÃO BRASILEIRA DE BANCOS & DELOITTE. *Pesquisa FEBRABAN de Tecnologia Bancária 2019*. São Paulo, 2019.

FISCHER, André. L. O conceito de modelo de gestão de pessoas – modismo e realidade em gestão de recursos humanos nas empresas brasileiras. In: DUTRA, Joel S. (org.). *Gestão por competências:* um modelo avançado para o gerenciamento de pessoas. São Paulo: Gente, 2001.

FRABASILE, Daniela. Sua equipe vai ser definida por pessoas e algoritmos, diz executivo do BCG. *Época Negócios*, São Paulo, 25 set. 2019.

FUCHS, Christian. Digital prosumption labour on social media in the context of the capitalist regime of time. *Time and Society*, v. 23, n. 1, p. 97-123, 2014.

GRUHLER, Thom. Five trends shaping the future of marketing. *Forbes*, 2018. Disponível em: https://www.forbes.com/sites/forbeagencycouncil/2018/04/18/five-trends-shaping-the-future-of-marketing/. Acesso em: 1 set. 2019.

HOFMANN, Erik; RÜSCH, Marco. Industry 4.0 and the current status as well as future prospects on logistics. *Computers in Industry*, v. 89, p. 23-34, 2017.

HUWS, Ursula; SPENCER, Neil H.; COATES, Matt. *The platformisation of work in Europe:* highlights from research in 13 European countries. Brussels (Belgium)/Hatfield (United Kingdom): Foundation for European Progressive Studies (FEPS)/UNI Europa/Hertfordshire Business School, University of Hertfordshire, 2019. Disponível em: https://www.feps-europe.eu/attachments/publications/platformisation%20of%20work%20report%20-%20highlights.pdf. Acesso em: 16 mar. 2020.

JUNLIANG, Wang et al. A collaborative architecture of the industrial internet platform for manufacturing systems. *Robotics and Computer Integrated Manufacturing*, v. 61, 2020.

KPMG. *Future of Finance*: finance disrupted. Switzerland, 2018.

LIU, X. et al. Manufacturing perspective of enterprise application integration: the state of the art review. *International Journal of Production Research*, v. 46, n. 16, p. 4567-4596, 2008.

MARX, Karl; ENGELS, Friedrich. *O Capital:* crítica da economia política. Trad. Régis Barbosa e Flávio R. Kothe. 3. ed. São Paulo: Nova Cultural, 1988. (v. 1).

MOTTA, Fernando. C. Prestes. *Teoria das organizações:* evolução e crítica. São Paulo: Thomson Pioneira, 2001.

MOTTA, Fernando. C. Prestes. Organização, automação e alienação. *RAE – Revista de Administração de Empresas*, v. 24, n. 3, p. 67-69, 1984.

PORTER, Michael E.; HEPPELMANN, James E. How smart, connected products are transforming companies. *Harvard Business Review*, out. 2015. Disponível em: https://hbr.org/2015/10/how-smart-connected-products-are-transforming-companies. Acesso em 14 maio 2020.

PISTONO, Federico. *Os robôs vão roubar seu trabalho, mas tudo bem:* como sobreviver ao colapso econômico e ser feliz. São Paulo: Portfolio-Penguin, 2017.

SACOMANO, José Benedito et al. (org.). *Indústria 4.0:* conceitos e fundamentos. São Paulo: Blucher, 2018.

WANG, K. S. Logistics 4.0 solution: new challenges and opportunities. In: International Workshop of Advanced Manufacturing and Automation, 6., Manchester, United Kingdom, 2016. *Proceedings [...]*. Paris/Hong Kong/Amsterdam/Beijing: Atlantis Press, 2016.

WANG, Shiyong et al. Towards smart factory for industry 4.0: a self-organized multi-agent system with big data based feedback and coordination. *Computer Networks*, v. 101, p. 158-168, jun. 2016.

ZHANG, W. *An integrated environment for CAD/CAM of mechanical systems.* Tese (Doutorado em Engenharia Mecânica) – Engenharia Mecânica Marítima e de Materiais, Universidade Técnica de Delft, Delft, 1994. Disponível em: https://repository.tudelft.nl/islandora/object/uuid%3Aaa7dd6f7-43ef-4889-aa3a-9a1bf76b69c4. Acesso em: 1 set. 2019.

CAPÍTULO 4
A TECNOLOGIA NA PROFISSÃO DA CIÊNCIA DA COMPUTAÇÃO

Cinthia Obladen de Almendra Freitas
Paulo Henrique Santana de Oliveira

INTRODUÇÃO

Vive-se a quarta revolução industrial, assim designada por Schwab (2016, p. 13-16), a qual tem por base a velocidade de evolução, agora exponencial e não linear; a amplitude e profundidade das transformações, bem como as mudanças de paradigmas; e, o impacto sistêmico, pois essa tal quarta revolução envolve "sistemas inteiros entre países e dentro deles, em empresas, indústrias e em toda sociedade".

Em meio a tanta velocidade, transformações, paradigmas e impactos, há que se destacar o papel da tecnologia, em especial a ciência da computação, uma vez que o paradigma presente é o *"everyware"*[1] (GREENFIELD, 2006, p. 9), que norteia o desenvolvimento de um meio ambiente digital que congrega ubiquidade, pervasividade e inteligência. Schwab (2016) explica que tudo isto, combinado à existência de várias tecnologias (multiplataformas, multitarefas, entre outras), "não está modificando apenas o 'o que' e o 'como' fazemos as coisas, mas também 'quem' somos" (SCHWAB, 2016, p. 13). Há que se mencionar a disruptura, ou seja, a quebra do pensamento tradicional linear, visto que as novas tecnologias, especialmente as tecnologias de informação e comunicação (TIC), alcançam a escala mundial, por meio da rede mundial de computadores, a internet. Nunca se viu tanta velocidade de propagação, seja de uma

---

[1] Texto original: "Ever more pervasive, ever harder to perceive, computing has leapt off desktop and insinuated itself into everyday life. Such ubiquitous information technology – 'everyware' – will appear in many different contexts and take a wide variety of forms, but it will affect almost every one of us, whether we're aware of it or not". Tradução livre: "Cada vez mais difundida, cada vez mais difícil de perceber, a computação saltou da área de trabalho e se insinuou na vida cotidiana. Essa tecnologia da informação ubíqua – *'everyware'* – aparecerá em muitos contextos diferentes e assumirá uma grande variedade de formas, mas afetará quase todos nós, quer estejamos cientes disso ou não".

boa notícia, seja de uma *fake news*. Vive-se uma economia sob demanda (*on demand*), e Airbnb, Uber, Alibaba, Amazon, entre outros, são exemplos da variedade de serviços e produtos que cada habitante do planeta pode demandar a partir da sua necessidade ou desejo.

Vive-se uma realidade que busca tanto a harmonização de preceitos, direitos e desejos quanto à integração entre as diferentes descobertas e áreas do conhecimento humano. Schwab (2016, p. 19) comenta sobre a necessidade de ser mutável e adaptável. E para que tudo isso seja possível, há de se entender o papel da informação, visto que não se tem somente a tecnologia da informação (TI), mas também as TIC sendo agregadas à comunicação e, para tanto, a ciência da computação necessitou se adaptar e vem se modificando dia a dia a partir de novos estudos e pesquisas. Informar e comunicar são tão importantes e relevantes no cenário da quarta revolução industrial que as inovações colaborativas deixaram de ser um sonho. Portanto, os mundos da produção e do trabalho estão em constante mudança.

Nesse cenário, a área de ciência da computação tem papel preponderante, visto ser a ciência que estuda as técnicas, metodologias e instrumentos computacionais por meio do desenvolvimento de processos automáticos e da busca por soluções baseadas no uso do processamento[2] de dados. Não se pode deixar de mencionar que a computação ubíqua, a computação pervasiva, a computação móvel, a internet das coisas (IoT – *Internet of Things*), a inteligência artificial, o *blockchain* e os criptoativos são resultantes de inúmeros estudos e desenvolvimentos na área da ciência da computação.

A partir desta contextualização, a profissão da ciência da computação estabelece um patamar de análise e revisão histórica da evolução da tecnologia como ferramental nesta área do conhecimento humano. Há, portanto, de se questionar: a) O que está relacionado à ciência da computação nos dias atuais?; b) Qual a relação entre os cientistas da computação e a sociedade?; e c) Qual a relação entre os cientistas da computação e o Estado? Além disto, faz-se uma breve revisão histórica da evolução tanto dos sistemas operacionais, visto que são a base do funcionamento de qualquer aparato tecnológico, como das linguagens de programação, uma vez que são as linguagens que permitem ao ser humano estabelecer como as tarefas e aplicações serão realizadas pelas máquinas a partir da descrição e comandos. No contexto da quarta revolução industrial, não se pode deixar de refletir sobre o valor da informação, tendo por base o desenvolvimento de sistemas que não somente processam dados em informações, mas que extraem o que é relevante a um determinado escopo. Portanto, pode-se apontar as influências da ciência da computação na sociedade baseada em informação. Assim, este capítulo, que é resultado de um projeto de pesquisa, segue o método dedutivo para relacionar a profissão da ciência da computação ao mundo que se apresenta e está por vir. A pesquisa tem caráter explicativo, passando pelas fases da pesquisa exploratória e descritiva.

---

2 Entende-se por processamento a conversão de dados de entrada em sua forma original para uma forma mais apropriada para utilização, de um modo geral, pelos computadores (LAUDON; LAUDON, 1999, p. 381).

A TECNOLOGIA COMO FERRAMENTAL DA CIÊNCIA DA COMPUTAÇÃO

Com a pretensão de falar sobre ciência da computação e tudo que dela decorre, é necessário antes esclarecer alguns termos, de forma objetiva, para oportunizar ao leitor o entendimento da importância social e dos impactos provenientes da dependência tecnológica dos seres humanos na atual conjuntura global e no contexto da quarta revolução industrial.

Para Kuhn (2013, p. 60), "se a ciência é a reunião de fatos, teorias e métodos reunidos nos textos atuais, então os cientistas são homens que, com ou sem sucesso, empenharam-se em contribuir com um ou outro elemento para essa constelação específica". Para o autor, a evolução científica é um processo gradativo, sob a perspectiva de que muitas partes são adicionadas, "isoladamente ou em combinação, ao estoque sempre crescente que constitui o conhecimento e a técnica científicos". Isso quer dizer que a ciência nunca para, pois sempre haverá novas descobertas que reforçarão ou refutarão resultados de experimentos publicados anteriormente. A ciência e a pesquisa científica andam de mãos dadas, e a revisão ou reformulação de conceitos, teorias e métodos faz parte do ciclo científico.

Sucintamente: os cientistas se pautam pela investigação de seu objeto de pesquisa – seja ele qual for – de forma minuciosa, seguindo métodos/parâmetros rigorosos, eliminando quaisquer elementos de dúvida, formulando hipóteses e executando experimentações. A partir dos resultados, quantitativos ou qualitativos, originados das experimentações, são elaboradas inferências, considerações ou conclusões, quase sempre corretas, que, por sua vez, podem contradizer e invalidar ou coadunar e reforçar teorias existentes. Isto posto, os cientistas têm como objetivo central a resolução de problemas por meio da apresentação de soluções adequadas ao seu tempo, espaço e tecnologias.

Assim como outros cientistas, os cientistas da computação, especialmente nos tempos contemporâneos, protagonizam inúmeras descobertas, resultando em projetos inovadores cuja tecnologia computacional – genericamente denominada de informática – é um dos fatores essenciais e elementares imbricado a outros tantos, como economia, sociologia, administração nos setores público e privado, biologia, engenharia, física, política, entre outros. Projetos inovadores e "tecnologizados computacionalmente", isto é, informatizados, representaram e representam significativos avanços em diversos setores da sociedade, impactando direta ou indiretamente a vida das pessoas.

ALGUNS QUESTIONAMENTOS VÁLIDOS

A seguir foram formulados três questionamentos válidos considerando-se o cenário da quarta revolução industrial e a ciência da computação como um dos motores desta revolução digital. Os questionamentos são: a) O que está relacionado à ciência da computação nos dias atuais?; b) Qual a relação entre os cientistas da computação e a sociedade?; e c) Qual a relação entre os cientistas da computação e o Estado? Vamos nos ocupar desses questionamentos a seguir.

O que está relacionado à ciência da computação nos dias atuais?

A resposta é: quase tudo! E, para tal, deve-se levar em consideração o cenário da sociedade contemporânea, que é informacional e tecnológica. As inovações estão presentes no dia a dia das pessoas, mesmo que elas não percebem e não estejam atentas o tempo todo às novas tecnologias.

Neste contexto, parte-se das inovações correlatas à "informatização das coisas" e que foram recentemente (na última década) descobertas e implementadas, classificando ou categorizando-as por áreas da economia. Assim, o setor primário abrange agricultura, mineração, pesca, pecuária, extrativismo vegetal; o setor secundário, que é o setor de transformação de itens do setor primário, é composto pelos produtos industrializados (roupas, máquinas, automóveis, alimentos industrializados, eletrônicos, casas e outros); e o setor terciário abrange os serviços, que por sua vez são produtos não materiais (comércio, educação, saúde, telecomunicações, serviços de informática, seguros, transporte, serviços de limpeza, serviços de alimentação, turismo, serviços bancários e administrativos, transportes e outros). Alguns exemplos e aplicações destes setores são descritos a seguir, de modo a externar a relação entre a ciência da computação e a vida humana, tendo por meio de análise os setores tradicionalmente definidos na economia.

Setor primário: agricultura e mineração

No setor primário existem máquinas com tecnologia de ponta operando no campo de forma ininterrupta, provendo extrema eficiência no tratamento da terra, no plantio, no controle de pragas, na colheita e outros. Estes maquinários são operados eletronicamente, com ou sem intervenção humana direta, considerando a demarcação da área de atuação por georreferenciamento – via mapas de satélite (EMBRAPA, 2019). Para além dessas atividades, mais especificamente o controle de pragas, as plantações constantemente são monitoradas por *drones* – veículos aéreos não tripulados, fazendo-se uso de imagens digitais capturadas e sendo, portanto, possível determinar quais áreas estão mais suscetíveis a determinadas pragas e que, evidentemente, necessitam de maior intervenção de defensivos agrícolas (LAJÚS et al., 2018).

Outra atividade, a mineração, é essencial para a vida humana. Indubitavelmente, grande parte das coisas que nos cercam é proveniente dela. Eletrônicos, edificações, automóveis, em pequena ou grande proporção têm em sua composição algum tipo de liga metálica e/ou outros minérios resultantes de atividades mineradoras. Técnicas avançadas auxiliam os seres humanos na mineração, desde o mapeamento de imagens do solo, capturadas por *drones* e tratadas em softwares específicos, até o beneficiamento de minérios. Técnicas sofisticadas totalmente informatizadas, portanto, proporcionam êxito na extração mineral (IBRAM, 2019).

Setor secundário: internet das coisas e segurança da informação

Não seria necessário descrever o potencial dos aparelhos eletrônicos que fazem parte da classificação do setor secundário, no entanto, é oportuno propor uma reflexão sobre a grandiosidade da ciência da computação presente no âmbito pessoal e profissional da vida dos seres humanos. A tecnologia informatizada está presente tanto em ambientes organizacionais como em ambientes domésticos. Não só parece que tudo tornou-se mais prático: tudo de fato o é. Muitos eletrônicos estão sendo produzidos para esta finalidade – praticidade e otimização do tempo.

Frente a isto, são evidenciados os conceitos de internet das coisas (*internet of things* – IoT), da computação móvel (*mobile computing*) e dos sistemas embarcados (*embedded systems*), ou seja, tem-se, com a mobilidade, a conexão da "informatização das coisas" pelo uso intensivo da internet, permitindo a troca de dados entre diferentes dispositivos eletrônicos e digitais, visto que não é necessário estar preso a um local ou computador para realizar tarefas ou ações. Já os sistemas embarcados possibilitam a existência de sistemas computacionais completos e independentes encarregados de executar tarefas predeterminadas. Esses três conceitos coadunam a existência de objetos eletrônicos que se comunicam com o mundo (outros objetos ou pessoas ou sistemas) automaticamente e que tomam decisões previamente parametrizadas/configuradas. Em outras palavras, é como se os objetos eletrônicos se comunicassem sem a intervenção humana, no intuito de suprir as necessidades dos seres humanos. Evans (2011, p. 2), da empresa Cisco, aponta que a IoT causará mudanças profundas, inclusive nas pessoas, a partir do que já se pode observar de mudanças causadas pela internet nos mais variados setores, desde a educação até a economia. Atzori, Iera e Morabito (2010, p. 2787) definem a IoT como um novo paradigma que representa um cenário composto pela presença difusa de coisas ou objetos capazes de interagir e cooperar entre si para alcançar objetivos comuns.

Desse modo, tem-se um "mundo" de objetos físicos embarcados com sensores e atuadores, conectados por redes sem fio e que se comunicam usando a internet. Como resultado, são formadas redes de objetos inteligentes capazes de realizar os mais variados processamentos, capturar dados ambientais e reagir a estímulos externos. Eis a informação como objeto de tomada de decisão.

A IoT já é realidade nos setores de transporte, energia, negócios, residencial, educacional, entre outros, configurando-se atualmente como uma rede das redes, ou seja, uma conexão entre redes diferentes com roteamento multiprotocolo, como aconteceu ao final da década de 1980 e no início da década de 1990, porém atualmente em uma escala muito maior (EVANS, 2011, p. 5).

Toda essa tecnologia manterá na pauta a questão de segurança da informação, bem como questões de criptografia, redundância de bases de dados e, ainda, descarte e remoção de dados da internet e dos demais dispositivos de coleta ou sistemas de mineração de dados (*data mining*) (TAN; STEINBACH; KUMAR, 2009). A tecnologia de nuvem computacional (*cloud computing*) está se constituindo em infraestrutura de suporte à IoT, uma vez que retira do hardware sua função de processamento, passando-a para servidores que proporcionam serviços de acesso baseados na rede mundial de computadores, permitindo que os dispositivos que as pessoas usam cotidianamente fiquem cada vez menores, mais móveis e, ao mesmo tempo, mais baratos, portanto, mais acessíveis (PARCHEN; FREITAS; EFING, 2013, p. 397-417).

No que concerne à segurança, ainda há de se ressaltar que as *interfaces* de programação, tanto no âmbito administrativo de sistemas e redes como para usuários, necessitarão cada vez mais de mecanismos de autenticação e identificação, devendo ainda ser protegidas contra o uso malicioso ou indevido. Não se poderá esquecer, ainda, das questões de privacidade e autodeterminação informacional. Outro ponto que cada vez mais merecerá estudos será o direito ao esquecimento e à desindexação, especialmente frente aos mecanismos de memória eterna (PAZZINATTO; FREITAS, 2015, p. 82-107).

Setor terciário: comércio, transporte, logística, bancos

O setor terciário talvez seja o que vem sendo mais impactado e no qual mais se pode perceber o quanto a tecnologia está presente no cotidiano. Uma verdadeira revolução aconteceu quando as lojas virtuais (.com) surgiram por meio da interação entre o comércio de bens e produtos e plataforma de comércio eletrônico (*e-commerce*). Não é necessário sair de casa para comprar, pagar e receber algo de interesse. Tudo isso pode ser realizado por meio de um smartphone conectado à internet. A logística desses estabelecimentos, e de quaisquer outros estabelecimentos comerciais, tem tido o apoio essencial de tecnologia informatizada. Algoritmos poderosos planejam o abastecimento/reposição de centros de distribuição e lojas, bem como organizam todas as entregas – a logística –, evitando desperdício de tempo e dinheiro.

Não se pode deixar de mencionar que, por meio do advento da computação móvel (celulares e tablets), das redes sociais, da TV digital interativa (TVDi) e, ainda, das redes de alta velocidade, pode-se desenvolver e implementar novas modalidades de comércio eletrônico focadas nos seguintes elementos básicos: m, mobilidade; s, social; t, televisão; e f, Facebook. Surgiram, então, as novas modalidades de comércio eletrônico: *m-commerce* (*mobile-commerce*), *s-commerce* (*social-commerce*), *t-commerce* (*TV-commerce*) e *f-commerce* (*Facebook-commerce*) (FREITAS; BATISTA, 2015, p. 7-8).

As instituições financeiras atualmente estão totalmente integradas à maioria dos estabelecimentos comerciais e também com os consumidores. Por meio de aplicativos móveis é possível pagar contas, saber o saldo de contas bancárias, programar transferências e contratar empréstimos, além de uma infinidade de outros serviços. Vive-se a realidade dos bancos digitais e dos criptoativos, ambos com entes descentralizados sem entidade lastreadora e que funcionam por meio da tecnologia *blockchain* (DE FILIPPI, WRIGHT, 2018).

No tocante ao setor de transportes, várias empresas têm se destacado com o apoio tecnológico informatizado, desde a utilização de GPS (*global positioning system*) e rotas mais rápidas no trânsito até o cálculo automático de valores considerando inúmeras variáveis (tempo no trânsito, distância, horários de pico, feriados, pontos de interesse, entre outros), como é o caso da empresa Uber. Cientistas da computação, no caso da Uber, conseguiram construir algoritmos extremamente sofisticados que fazem estimativas de valores dos deslocamentos em tempo real, considerando todas as variáveis anteriormente mencionadas. Nesse caso específico, motoristas e passageiros interagem entre si pelo aplicativo móvel instalado em seus smartphones. Disponibilidade e flexibilidade de horários do motorista, tempo de espera do passageiro, avaliação do motorista (como dirigem), higiene do carro, interação entre motorista e passageiro, incidentes envolvendo passageiro e motorista, resolução de problemas, tudo isso é calculado e tratado pelos algoritmos da empresa Uber. Para Schwab (2016, p. 28), esse é um entre vários exemplos de tecnologia disruptiva e de economia sob demanda (*on demand*).

Qual a relação dos cientistas da computação e a sociedade?

Como já relatado anteriormente, a ciência da computação está relacionada com a internet móvel de alta performance, internet das coisas (IoT), sistemas embarcados, aplicativos móveis, microeletrônica computacional e muito mais. Pode-se mencionar ainda a inteligência artificial (IA), *machine learning* ou aprendizado de máquina, *big data*, *data mining*, realidade aumentada, robótica, manufatura aditiva (impressora 3D), sequenciamento genético, *blockchain*, entre outras. Tudo isso já é realidade!

Nos últimos anos, muito conhecimento sobre todas as tecnologias supracitadas tem sido produzido e aplicado na vida em sociedade. Isso por vezes passa despercebido, e as pessoas não dão a atenção devida e necessária. Na verdade, tudo isso faz parte do trabalho dos cientistas da computação, ou seja, tornar a complexidade de sistemas e processos invisível aos olhos humanos, visto que somente se pode estar atento ao se entender de fato o quão se está envolvido com a tecnologia e o quanto ela influencia as pessoas e suas decisões. Deve-se ter em mente que na sociedade contemporânea as pessoas estão conectadas umas às outras por meio de redes sociais. Isso é possível graças à rede mundial de computadores e aos dispositivos móveis interconectados. Os cientistas da computação estão totalmente e diretamente envolvidos em tudo isso. São eles os responsáveis pela criação e gestão de tecnologias aplicadas às diversas finalidades e soluções de problemas.

Um exemplo oportuno e relevante é retratado no documentário *Privacidade hackeada*, disponível atualmente no serviço de *streaming* Netflix.[3] O documentário relata que pessoas que têm perfis em redes sociais estão significativamente expostas e vulneráveis, a ponto de serem manipuladas por organizações privadas. No caso específico desse documentário, a empresa contratada para auxiliar na campanha presidencial norte-americana de 2016 percebeu que poderia coletar grande quantidade de dados e informações de perfis de usuários de redes sociais, como o Facebook. A partir dos dados coletados um algoritmo construía um perfil dos eleitores que poderiam ser influenciados por propagandas e *fake news*.[4] Foi dessa forma que o presidente Donald Trump conse-

---

[3] A Netflix é um serviço de transmissão on-line que permite aos assinantes assistir a uma ampla variedade de séries, filmes e documentários em milhares de aparelhos conectados à internet.

[4] *Fake news* são notícias falsas publicadas por veículos de comunicação como se fossem informações reais. Esse tipo de texto, em sua maior parte, é feito e divulgado com o objetivo de legitimar um ponto de vista ou prejudicar uma pessoa ou grupo (geralmente figuras públicas).

guiu ganhar as eleições, isto é, sua eleição foi o resultado de uma campanha on-line realizada pela empresa Cambridge Analytica.[5]

Grosso modo, a Cambridge Analytica reunia dados das contas de redes sociais de cidadãos americanos e identificava os potenciais eleitores que poderiam ser facilmente persuadidos a não votar na candidata Hillary Clinton, do Partido Democrata. A título de exemplificação, imagine uma pessoa cuja rede social está repleta de fotos da família, religião e que de alguma forma passa a impressão de uma pessoa ética. Para este perfil, a Cambridge Analytica não só poderia enviar, mas supostamente enviou, muitas notícias falsas questionando os valores éticos e familiares da candidata em questão, então concorrente de Donald Trump, de forma que o usuário fosse induzido a não votar nela. Ou seja, manipulação clara!

Percebe-se, portanto, que os cientistas da computação são fatores essenciais na sociedade e que podem fazer parte de decisões que ditam o rumo de alguns países. De forma ampla, não menos importante, deve-se mencionar o esforço contínuo das organizações privadas para manter seus usuários alienados à prática do consumismo, ou seja, escravos de atividades ou instituições humanas em âmbito social e econômico. Muitos cientistas da computação estão trabalhando para esta finalidade, ou seja, existem pessoas pensando em múltiplas estratégias para bombardear os usuários com informações, falsas ou verdadeiras, a fim de mantê-lo alienados, seja em relação a pequenas coisas, como consumir cada vez mais itens supérfluos, seja a coisas maiores e mais graves, como determinar resultados de eleições presidenciais de um país.

Todos estes elementos da sociedade da informação recaem sobre a discussão atual e premente sobre proteção de dados pessoais e privacidade, a ponto de o Brasil ter sancionado a Lei n. 13.709, de 14 de agosto de 2018 (BRASIL, 2018), a qual tem sua vigência prevista para 1º de janeiro de 2021. As sanções seriam prorrogadas por mais doze meses, de forma que só poderiam ser aplicadas a partir de agosto de 2021. Essa lei, que torna todas as pessoas naturais titulares de dados pessoais, é um marco legal para instituições privadas e públicas, e é formada tanto por um arcabouço jurídico como tecnológico, visto envolver desde o tratamento de dados pessoais e sensíveis até a segurança da informação por meio de relatórios de impactos à proteção de dados pessoais (BOFF; FORTES; FREITAS, 2018).

Qual a relação dos cientistas da computação e o Estado?

Não se pode deixar de olhar para a relação do cientista da computação com o Estado, visto ser o Estado o ente executor (ou pelo menos deveria ser) de todo o planejamento estratégico das diretrizes de políticas públicas. Isso significa que o Estado deve

---

5 A Cambridge Analytica é uma empresa de análise de dados que trabalhou com o time responsável pela campanha do republicano Donald Trump nas eleições de 2016, nos Estados Unidos. Na Europa, a empresa foi contratada pelo grupo que promovia o Brexit (a saída do Reino Unido da União Europeia). A empresa é propriedade do bilionário do mercado financeiro Robert Mercer e era presidida, à época, por Steve Bannon, então principal assessor de Trump.

prover aos cidadãos, em contrapartida à tributação de impostos, educação, saúde, transporte, segurança e outros serviços de extrema importância com a máxima qualidade e eficiência.

Naturalmente, o aumento populacional tende a agravar problemas já existentes (quando não solucionados) e favorecer o surgimento de outros. Esse cenário exige uma resposta rápida e eficaz por parte do Estado na forma de devolução de serviços de qualidade. No Brasil, o governo eletrônico (e-Gov) já avançou consideravelmente em termos tecnológicos, embora ainda haja muito por fazer. As iniciativas do e-Gov interessam a todos os cidadãos, contribuintes ou não, pois são serviços eletrônicos que buscam propiciar maior eficiência, eliminando o tempo de espera em filas de repartições públicas. O Grupo de Trabalho em Tecnologia da Informação (GTTI)[6] concentra esforços em três linhas, a saber: a) universalização de serviços; b) governo ao alcance de todos; e c) infraestrutura avançada.

Em 2014, houve uma publicação de notícia sobre a aplicação de tecnologias no âmbito governamental em países norte-americanos. Especificamente em Memphis, no estado do Tennessee, o governo desenvolveu uma inovação tecnológica computacional para tratar a média de 2 milhões por ano sobre os mais variados crimes. Ao utilizar técnicas de *big data* (KITCHIN, 2016) de forma a processar dados de crimes denunciados e suas respectivas características, a polícia modificou a distribuição de viaturas policiais na cidade, o que, por sua vez, fez com que o número de crimes caísse cerca de 30% de 2008 a 2013 (CRUZ, 2014).

No mesmo trabalho, Cruz (2014, p. 1) aponta que "nos Estados Unidos, estima-se que o uso do *Big Data* no setor público possa reduzir os gastos do governo em 380 bilhões de dólares por ano, segundo pesquisa realizada pela *TechAmerica Foundation*, instituição de estudo ligada a grandes empresas de tecnologia da informação". Por este motivo, acredita-se ser importante trazer relatos que ocorreram no exterior e que foram experiências exitosas, pois propiciaram eficácia e eficiência nos serviços públicos, o que implica dizer que houve redução de gastos e otimização na aplicação dos recursos públicos.

De fato, é primordial que se entenda que os dados são a essência dos negócios das organizações, e no setor público não é diferente. Cruz (2014, p. 1) considera que os governos podem melhorar o gasto público a partir da otimização do uso de informações sobre os cidadãos. O autor acrescenta que, em estudo realizado pela Oxford Economics, ligada à Universidade de Oxford, na Inglaterra, foram analisados dez países para saber o impacto que o aumento da eficiência dos governos teria sobre as contas públicas. O estudo revelou que se os governos desses países elevassem sua eficiência em apenas 1% ao ano de 2012 a 2025, eles economizariam um total de 2 trilhões de dólares. No Brasil, a economia seria de 122 bilhões de dólares, segundo a Oxford Economics (CRUZ, 2014, p. 1).

Isto posto, não restam dúvidas de que deve haver novas iniciativas e projetos tecnológicos que tornem mais eficaz e eficiente a administração pública, já que outros

---

6 Disponível em: https://www.governodigital.gov.br/EGD/historico-1/historico. Acesso em: 8 set. 2019.

países (considerados de primeiro mundo) adotaram medidas de incentivo ao desenvolvimento tecnológico governamental, ou seja, investiram no e-Gov.

Assim, a partir de alguns questionamentos válidos, para os quais se buscou apresentar suscintamente algumas respostas e direcionamentos, reforça-se a relação da ciência da computação como profissão, seja com a sociedade ou o Estado, por meio da descrição de pontos relevantes tanto para os cientistas da computação, no entendimento da amplitude da sua profissão, como para cada pessoa, no aprofundamento do conhecimento dessa profissão e sua influência na vida cotidiana.

Pode-se abordar, agora, três elementos cruciais à ciência da computação na contemporaneidade: os sistemas operacionais e as linguagens de programação, pois são a base para a implementação de sistemas, programas computacionais e, mais recentemente, de aplicativos, e o valor da informação nesta sociedade informacional e tecnológica. Fecha-se assim o ciclo da ciência da computação sob o olhar da sociedade, da profissão e do objeto de estudo que é a informação.

SISTEMAS OPERACIONAIS E LINGUAGENS DE PROGRAMAÇÃO

Praticamente tudo que seja informatizado ao redor de uma pessoa tem relação direta com algum sistema operacional (SO). Sistema operacional é, por definição, um programa que atua como intermediário entre o usuário e o hardware, tendo como objetivo proporcionar um ambiente para o usuário executar outros programas de forma amigável, escondendo a complexidade de detalhes internos de funcionamento, de modo a gerenciar os recursos do sistema de maneira eficiente (SILBERSCHATZ; GALVIN; GAGNE, 2004, p. 22).

Os sistemas operacionais, portanto, são os programas que fazem a intermediação entre o hardware – dispositivos físicos – e os softwares de aplicação tanto em computadores e notebooks como em smartphones e outros dispositivos eletrônicos. O Quadro 4.1 ilustra os diferentes níveis de sistemas operacionais desde os dispositivos físicos (equipamentos) até o nível mais elevado de interação humano-computador, que são os aplicativos que são utilizados cotidianamente. Entende-se, portanto, que é o sistema operacional que faz a interação efetiva entre as máquinas (equipamentos, celulares, tablets, geladeiras inteligentes, entre outros) com os seres humanos.

Quadro 4.1 Esquema hierárquico e sistema operacional.

Aplicativos
Utilitários
Linguagem de máquina
Sistema operacional
Microprogramação
Dispositivos físicos

Fonte: adaptado de Machado (2004).

Como exemplo de software de aplicação pode-se citar o Microsoft Word, para edição de textos, os navegadores de internet Mozilla Firefox ou Google Chrome, e todos os outros sistemas desktop ou web. Na camada "utilitários" estão os programas que já estão instalados no sistema operacional e que são de uso genérico e frequente, a exemplo da interface entre o computador e a impressora.

Já uma linguagem de programação é um método padronizado para comunicar instruções para um computador, por meio de um conjunto de regras sintáticas e semânticas usadas para definir um programa de computador (LAUDON; LAUDON, 1999, p. 104-105). São códigos de texto utilizados com a finalidade de criar aplicações e aplicativos, ou, de forma ampla, ambientes informáticos que são utilizados em qualquer dispositivo eletrônico para criar e desenvolver programas de computador, visando à resolução de tarefas específicas. Existe uma classificação das linguagens de programação que vai desde a linguagem Assembly (orientada a máquinas, ou seja, próxima da representação de "zeros" e "uns") até linguagens de alto nível ou orientadas a objetos, a exemplo do Java e do Python. Toda linguagem de programação segue um conjunto de palavras reservadas e códigos para parametrizar e padronizar a escrita dos programas e facilitar a especificação das tarefas a serem realizadas pelos dispositivos eletrônicos. O Quadro 4.2 ilustra o que é cada termo utilizado neste capítulo a partir de sistemas operacionais (Microsoft Windows, Linux, Android e iOS Apple) necessários ao uso de alguns aplicativos (Microsoft Word e WhatsApp).

Quadro 4.2 Exemplos de dispositivos, sistemas operacionais e aplicativos

DISPOSITIVO	SISTEMA OPERACIONAL	APLICATIVO
Desktop	Linux	Libre Office
Notebook	Windows	Microsoft Office
Smartphone	Android	Lazy Swipe
	iOS	iMovie

O Quadro 4.2 permite diferenciar o sistema operacional dos aplicativos. Deve-se ter em mente que as linguagens de programação permeiam este ambiente digital, visto que cada aplicativo é desenvolvido a partir de uma linguagem de programação.

Importante dizer que quaisquer dispositivos eletrônicos contam com sistemas embarcados e, portanto, sistemas operacionais simples para executar pequenas funções predeterminadas e também interagir com os humanos. Exemplos disso são as smart TVs, os automóveis, as máquinas de lavar e as impressoras.

O VALOR DA INFORMAÇÃO

Vive-se o paradigma denominado *everyware* (GREENFIELD, 2006, p. 9), ou seja, tudo é passível de ser acessado – "acessável" – a partir de qualquer lugar e em qualquer instante, sendo que a tecnologia é móvel e está embarcada e presente na vida de todos sem que isto seja percebido ou notado a cada momento. O termo "acessável" tem sido utilizado para a ação de conseguir o acesso aos dados, aos arquivos, aos relatórios, aos sistemas, por meio de um aparato tecnológico e digital. Portanto, a informação é o objeto deste acesso. Busca-se, veicula-se e comenta-se informação.

Neste contexto, a informação é tratada como elemento de valor que permite aos diversos programas computacionais processarem dados brutos e gerarem informação, a qual, por sua vez, pode ser continuamente processada em conjunto com novos dados ou informações, a ponto de se estabelecer um ciclo a partir de, para, sobre e com a informação. A atividade é sempre inclusiva, ou seja, mais e mais informações são geradas e veiculadas na sociedade contemporânea, assumindo-se o bônus de uma sociedade que gira em torno da informação. Mas assume-se também o ônus do volume de informação gerado no mundo digital, no sentido de que cabe a esta mesma sociedade de informação indexar e agrupar o que é relevante.

Portanto, é indispensável refletir, estudar, discutir e entender a importância da informação e como ela transformou e transforma a sociedade contemporânea, também chamada de *sociedade da informação*. Antes de iniciar reflexões sobre o valor da informação, é importante mencionar o que se entende sobre a diferença entre *dado* e *informação*.

De acordo com Laudon e Laudon (1999, p. 10, grifo nosso), dado é diferente de informação, ou melhor, dado não é informação, portanto, não são sinônimos. Para os autores, "*dado* são os fatos brutos, o fluxo contínuo de coisas que estão acontecendo agora e que aconteceram no passado". Dado é "um objeto, uma variável ou uma parte de informação que possui a habilidade de ser coletada, armazenada e identificada" (DATA-POP ALLIANCE, 2015, p. ii, tradução nossa). Já informação é "o conjunto de dados aos quais seres humanos deram forma para torná-los significativos e úteis". Simon (1999, p. 1) explica que "um dado é uma sequência de símbolos, é um ente totalmente sintático, não envolve semântica como na informação". Cabe ressaltar que, segundo comentário de Freitas e Efing (2009, p. 93), sabe-se intuitivamente o conceito de informação, mas não se consegue descrevê-lo diretamente como um conjunto de palavras. Os dicionários, de modo geral, definem informação como o ato de informar. Deve-se ter em mente que informação é colaboração (SIMON, 1999, p. 1), uma vez que as pessoas usam, absorvem, assimilam, manipulam, transformam, produzem e transmitem informação durante o tempo todo.

Para tal, entende-se dado, informação e conhecimento como o fazem Castro e Ferrari (2016, p. 4): dados são símbolos ou signos não estruturados, sem significado; informação está contida nas descrições, agregando significado e utilidade aos dados; conhecimento permite tomada de decisão para a agregação de valor.

Em termos práticos, o que pode significar o número 19? Várias afirmações são adequadas/pertinentes sobre o termo "19", por exemplo:

- é composto por dois algarismos: "1" e "9";
- é menor que 20;
- pode representar a idade (em anos) de uma ou várias pessoas ou animais;

- pode ser um prefixo de número de telefone;
- pode fazer parte de um endereço residencial ou comercial;
- pode representar uma data (dia 19 de determinado mês de algum ano específico, e ainda pode ser uma data comemorativa);
- pode representar o identificador de um registro financeiro em um banco de dados;
- pode representar as polegadas de uma tela/monitor de um computador.

Pode-se, assim, diferenciar dado e informação: dado é algo que caracteriza alguma coisa e que pode ou não fazer sentido, dependendo do contexto em que é apresentado ou tratado. Já a informação é a combinação de alguns dados para caracterizar algo ou alguma situação em um dado contexto. Deve-se ter em mente que a palavra "informática" surgiu pela conjunção das palavras "*infor*mação" e "auto*mática*", evidenciando o valor da informação e caracterizando o "computador como agente responsável pelo processo de transformação para a nova sociedade da informação" (MEIRELLES, 1994, p. 3).

Pode-se, agora, avançar nas reflexões sobre informação. Para Santos, Pereira e Damian (2018, p. 1), "uma sociedade imersa em grandes quantidades de informação deve ser pautada pela integração dos mais variados contextos organizacionais e informacionais, a fim de produzir conhecimento com características inter, multi, pluri e transdisciplinares".

Frente à complexidade do mundo contemporâneo, a informação e o conhecimento são considerados fundamentais nas organizações, visto que a incerteza é algo presente no cotidiano organizacional. Assim, informação e conhecimento são considerados diretrizes para que as pessoas tomem boas decisões de forma eficaz (AMORIM; TOMAÉL, 2011).

O progresso tecnológico computacional aliado à "informatização das coisas" tem sido determinante e um enorme desafio também para a profissão da ciência da computação, visto que diversas áreas do conhecimento humano utilizam técnicas e métodos computacionais para convergir rapidamente para o mesmo caminho, a informatização. Cada uma dessas áreas da sociedade e, ao mesmo tempo, todas elas, progressivamente, dependem de coleta, transmissão, armazenamento e processamento de dados cada vez mais sofisticados. Deve-se ter em mente que os usuários armazenam dados (imagens e documentos) em estruturas de nuvem computacional, acessam réplicas de seus arquivos e trabalham remotamente, sem estar atentos a tudo isto.

Evidentemente, é elementar que as organizações atinjam níveis satisfatórios de gestão da informação e do conhecimento, dado o ambiente organizacional dinâmico e complexo. Desse modo, são considerados como recursos extremamente valiosos nas organizações a informação e o conhecimento (AMORIM; TOMAÉL, 2011). Para além disso, considera-se um fator essencial a participação de pessoas capacitadas e preparadas para um mundo cada vez mais digital, visto que são as pessoas que constituem as organizações.

Avanços tecnológicos foram, são e serão determinantes para o progresso das sociedades, apresentando desafios relacionados à despersonalização das relações humanas, desmaterialização dos documentos e acervos físicos em papel, desterritorialização e temporalidade, de modo a abranger os espaços mais remotos que se possa imaginar. A gestão da informação e do conhecimento são elementos basilares para o progresso da sociedade, e as organizações que entenderem isso estarão alguns passos à frente das que não compreenderem.

A INFLUÊNCIA DA CIÊNCIA DA COMPUTAÇÃO NA SOCIEDADE DA INFORMAÇÃO

Outra palavra pode então ser integrada à realidade atual, qual seja: a inteligência. Vive-se em um mundo de cartões inteligentes (*smart cards*), celulares inteligentes (smartphones) e sistemas artificiais inteligentes (*artificial intelligence* – IA). São exemplos de sistemas inteligentes os sistemas de reconhecimento de face, sistemas inteligentes de trânsito, jogos de diversão (*video game*), sistemas de controle de qualidade, entre outros. Nesse cenário, cabe mencionar a computação ubíqua, a computação pervasiva e, ainda, a inteligência ambiental (WEISER, 1991; WEISER, 1993; MOUTINHO, 2010). A computação ubíqua descreve a presença direta e constante da informática e da tecnologia na vida das pessoas, em suas casas e ambientes de convívio social. Para Moutinho (2010, p. 10), a computação ubíqua lança mão dos avanços tecnológicos e torna tudo acessível, móvel e ubíquo por meio de redes seguras de informação. Nesse sentido, a computação se torna também pervasiva, estando presente de maneira invisível no dia a dia das pessoas.

O objetivo da computação ubíqua é integrar totalmente a relação tecnologia/máquina com os seres humanos, de modo tal que seja invisível, no sentido de automático (utilizar sem perceber). Os computadores passam a fazer parte da vida das pessoas de tal maneira que se tornam "humanos", e seus sistemas inteligentes os tornam onipresentes (ROLINS, 2001, p. 14).

Percebe-se que a tecnologia está embutida nos automóveis (carros que podem estacionar de maneira autônoma), nos eletrodomésticos (geladeiras que permitem o acesso à internet), nos móveis (janelas e portas que abrem ou fecham por controle remoto ou quando devidamente programadas para fazê-lo), e até mesmo nas roupas (tecidos que protegem a pele dos raios ultravioleta, hidratam a pele, previnem doenças ou picadas de insetos ou, ainda, controlam a temperatura do corpo) e etiquetas (que contêm informações sobre produtos e podem ser consultadas por *radio frequency identification* – RFID).

Para Moutinho (2010, p. 12), o termo "ubíquo" é usado para explicar que não somente os computadores estarão presentes em qualquer lugar, mas toda a área de computação estará agregada às estruturas básicas e fundamentais da vida do ser humano. Sabe-se também que a ubiquidade é a propriedade daquilo que está presente em todos os lugares ao mesmo tempo, ou seja, algo onipresente (BUENO, 2007, p. 779). Assim, a computação ubíqua não existe sem a computação pervasiva, a qual, de acordo com Moutinho (2010, p. 10), define que "os meios de computação estão distribuídos nos diferentes ambientes do utilizador de forma perceptível ou imperceptível". Na língua portuguesa, o termo "pervasivo" é adjetivo que designa algo que se espalha, se infiltra, penetra; espalhado, difuso; penetrante. Para que isso aconteça, a computação pervasiva lança mão da computação móvel, a qual é "centrada na capacidade de um dispositivo computacional ser carregado ou transportado, mantendo uma ligação activa à Web" (MOUTINHO, 2010, p. 10). Ou seja, necessitam-se de dispositivos com sistemas embarcados ou embutidos (*embedded systems*) para que tudo esteja disponível ou à mão. Dessa forma, Araujo (2003, p. 51) explica que a computação ubíqua é o resultado da interseção entre computação pervasiva e computação móvel, considerando-se a combinação entre o alto grau de dispositivos embarcados pervasivos e o alto grau de mobilidade desses dispositivos. Outras palavras de ordem podem, então, ser associadas à realidade atual, quais sejam: interconectividade e interoperabilidade, características que facilitam a troca de informações entre ambientes computacionais e dispositivos.

Assim, a informação é acessada por meio de múltiplos dispositivos heterogêneos, e os aplicativos seguem o usuário em movimento, ou seja, pode-se andar e falar ao celular, fotografar uma cena de interesse, postar em uma rede social e ainda indicar a localização, com latitude e longitude, da cena. Nesse ambiente digital, os dispositivos interagem entre si por meio das mais variadas interfaces (*universal serial bus* – USB, infravermelho e *bluetooth*). Além disso, é importante salientar que o ambiente troca informações com os dispositivos e vice-versa, e a aplicação responde às mudanças no ambiente. Neste contexto, Moutinho (2010, p. 11) explica que a inteligência ambiental tem por objetivo "desenvolver espaços inteligentes que se adaptam aos interesses, necessidades e desejos das pessoas que utilizam esses ambientes, ajudando-os a executar tarefas referentes ao seu quotidiano, como o trabalho, o lazer ou o entretenimento".

Tudo se coaduna de forma a criar um ambiente confortável, no qual a tecnologia é imperceptível e, ainda, os dispositivos são inteligentes. Por exemplo, ao se entrar em uma sala de reuniões, o ambiente pode reconhecer quem são as pessoas que ali estão chegando e providenciar chá ou café, com açúcar ou adoçante, de acordo com o gosto de cada pessoa. Tudo isto é possível considerando-se os sistemas computacionais de reconhecimento de face dos usuários, indo além, e consultando um conjunto de características da personalidade de cada indivíduo em bancos de dados, permitindo a melhoria do dia a dia das pessoas (MOUTINHO, 2010, p. 13). Eis a presença da ciência da computação desde a sociedade da informação até o viver das pessoas no meio ambiente digital (CAVEDON; FERREIRA; FREITAS, 2015).

CONSIDERAÇÕES FINAIS

Propor uma reflexão sobre a tecnologia na profissão da ciência da computação pode parecer redundante em um primeiro momento. E assim o é. A tecnologia surge a partir dos desenvolvimentos da ciência da computação e não influencia somente o agir do profissional, o cientista da computação, mas está na sociedade contemporânea, informacional e tecnológica. Está no papel do Estado democrático de direito e deve suplantar a crise que se abateu sobre o Estado social. Está no dia a dia das pessoas, na interação humano-computador, no pagar as contas e no receber uma pizza em casa.

Está no hospital, na escola, no comércio, na agricultura, no transporte e na mão de bilhões de pessoas ao redor do mundo, por meio de celulares e smartphones.

Sem dúvidas é necessário pensar na tecnologia como aliada e nas inúmeras tarefas que podem ser beneficiadas com o uso dela. Deve-se pensar na tecnologia não de maneira reativa ou como "aquela" que deseja tirar o trabalho, prejudicar as relações humanas e desenvolver novas doenças. Deve-se pensar que a tecnologia propiciará soluções às mais diversas situações de desenvolvimento social e tecnológico. Caberá aos cientistas da computação pensar em formas proativas de antecipar situações-problema, a fim de poupar gastos desnecessários, bem como prover mais esperança aos cidadãos brasileiros na forma de combate à corrupção, educação de qualidade, saúde pública preventiva e efetiva, programas de redução da criminalidade e da cibercriminalidade, qualidade dos transportes públicos e uma infinidade de outras questões que podem precisar da atenção de todos nós como sociedade humana.

REFERÊNCIAS

AMORIM, Fabiana Borelli; TOMAÉL, Maria Inês. Gestão da informação e gestão do conhecimento na prática organizacional: análise de estudos de casos. *Revista Digital de Biblioteconomia e Ciência da Informação*, Campinas, v. 8, n. 2, p. 1-22, jan./jun. 2011.

ARAUJO, Regina Borges. Computação ubíqua: princípios, tecnologias e desafios. In: Simpósio Brasileiro de Redes de Computadores, 21., 2003, Natal. *Anais [...]*. Natal: UFRN, 2003.

ATZORI, Luigi; IERA, Antonio; MORABITO, Giacomo. The Internet of Things: a survey. *Computer Networks*, v. 54, n. 15, 2010.

BBC. Entenda o escândado de uso político de dados que derrubou valor do Facebook e o colocou na mira de autoridades. *BBC-G1*, Rio de Janeiro, 20 mar. 2018. Economia, s.p. Disponível em: https://g1.globo.com/economia/tecnologia/noticia/entenda-o-escandalo-de-uso-politico-de-dados-que-derrubou-valor-do-facebook-e-o-colocou-na-mira-de-autoridades.ghtml. Acesso em: 8 set. 2019.

BOFF, Salete Oro; FORTES, Vinícius Borges; FREITAS, Cinthia Obladen de Almendra. *Proteção de dados e privacidade:* do direito às novas tecnologias na sociedade da informação. Rio de Janeiro: Lumen Juris, 2018.

BUENO, Silveira. *Minidicionário da língua portuguesa*. 2. ed. São Paulo: FTD, 2007.

CAMPOS, Lorraine Vilela. O que são Fake News? *Brasil Escola*. Disponível em: https://brasilescola.uol.com.br/curiosidades/o-que-sao-fake-news.htm. Acesso em: 8 set. 2019.

CASTRO, Leandro Nunes de; FERRARI, Daniel Gomes. *Introdução à mineração de dados:* conceitos básicos, algoritmos e aplicações. São Paulo: Saraiva, 2016.

CAVEDON, Ricardo; FERREIRA, Heline Sivini; FREITAS, Cinthia Obladen de Almendra. O meio ambiente digital sob a ótica da teoria da sociedade de risco: os avanços da informática em debate. *Revista Direito Ambiental e Sociedade*, v. 5, n. 1, p. 194-223, 2015.

CENTRO DE AJUDA NETFLIX. O que é a Netflix? [s.d.]. Disponível em: https://help.netflix.com/pt/node/412. Acesso em: 8 set. 2019.

CRUZ, Patrick. O futuro está nos dados para quem quiser governar bem. *Revista Exame.com*, São Paulo, 9 jan. 2014. Disponível em: https://exame.com/revista-exame/o-futuro-esta-nos-dados/. Acesso em: 8 set. 2019.

DATA-POP ALLIANCE. *Beyond data literacy:* reinventing community engagement and empowerment in the age of data. White Paper Series, set. 2015.

DE FILIPPI, Primavera; WRIGHT, Aaron. *Blockchain and the law*. [Digital]. Harvard University Press, 2018.

EMPRAPA – Empresa Brasileira de Pesquisa Agropecuária. *Automação e agricultura de precisão*. 2019. Disponível em: https://www.embrapa.br/tema-mecanizacao-e-agricultura-de-precisao/nota-tecnica. Acesso em: 8 set. 2019.

EVANS, Dave. *A Internet das Coisas:* como a próxima evolução da Internet está mudando tudo. CISCO (IBSG), abr. 2011. Disponível em: https://www.cisco.com/c/dam/global/pt_br/assets/executives/pdf/internet_of_things_iot_ibsg_0411final.pdf. Acesso em: 08 set. 2019.

FLECK, Ludwik. *Gênese e desenvolvimento de um fato científico*. Trad. George Otte e Mariana Camilo de Oliveira. Belo Horizonte: Fabrefactum, 2010[1935].

FREITAS, Cinthia Obladen de Almendra; BATISTA, Osvaldo Henrique dos Santos. Neuromarketing e as novas modalidades de comércio eletrônico (m-s-t-f-commerce) frente ao código de defesa do consumidor. *Derecho y Cambio Social*, Lima, Peru, n. 42, ano XII, p. 1-22, 2015. Disponível em: https://www.derechoycambiosocial.com/revista042/NEUROMARKETING_E_AS_NOVAS_MODALIDADES_DE_COMERCIO_ELETRONICO.pdf. Acesso em: 8 set. 2019.

FREITAS, Cinthia Obladen de Almendra; EFING, Antônio Carlos. Sociedade de informação: O direito à inclusão digital. *Revista de Direito Empresarial*, n. 12, p. 87-103, jul./dez. 2009.

GREENFIELD, Adam. *Everyware:* the dawning age of ubiquitous computing. San Francisco: New Riders, 2006.

IBRAM – Instituto Brasileiro de Mineração. *Relatório anual de atividades:* julho 2018 a junho 2019. 2019. Disponível em: http://www.ibram.org.br/. Acesso em: 8 set. 2019.

KITCHIN, Rob. *The data revolution:* big data, open data, data infrastructures & their consequences. Los Angeles: SAGE Publications, 2016.

KUHN, Thomas Samuel. *A estrutura das revoluções científicas*. Trad. Beatriz Vianna Boeira e Nelson Boeira. 12. ed. São Paulo: Perspectiva, 2013.

LAJÚS, Cristiano Reschke et al. Agricultura de precisão via aeronave remotamente pilotada: uma alternativa para o homem do campo. *Revista de Computação Aplicada ao Agronegócio*, Medianeira, v. 1, n. 1, p. 1-23, jun. 2018.

LAUDON, Kenneth C.; LAUDON, Jane Price. *Sistemas de informação*. Rio de Janeiro: LTC, 1999.

MACHADO, Francis Berenger. *Arquitetura de Sistemas Operacionais*. Rio de Janeiro: LTC, 2004.

MEIRELLES, Fernando de Souza. *Informática*: novas aplicações com microcomputadores. 2. ed. São Paulo: Makron Books, 1994.

MOUTINHO, Ana Maria. *Inteligência ambiente*: contributo para a conceptualização de parede inteligente. Dissertação (Mestrado em Arte e Multimídia) – Faculdade de Belas-Artes, Universidade de Lisboa, Lisboa, 2010. Disponível em: http://repositorio.ul.pt/bitstream/10451/7277/2/ULFBA_tes%20392.pdf. Acesso em: 8 set. 2019.

PARCHEN, Charles Emmanuel; FREITAS, Cinthia Obladen de Almendra; EFING, Antônio Carlos. Computação em Nuvem e Aspectos Jurídicos da Segurança da Informação. *Revista Jurídica CESUMAR – Mestrado*, v. 13, n. 1, p. 397-417, 2013.

PAZZINATTO, Carlos Henrique; FREITAS, Cinthia Obladen de Almendra. O direito ao esquecimento frente aos mecanismos de memória eterna. *Revista Opinião Jurídica*, Fortaleza, v. 13, p. 82-107, 2015.

ROLINS, Claudia Silva Villa Alvarez de Noronha. *Aplicações para computação ubíqua*. Dissertação (Mestrado em Informática) – Departamento de Informática, PUC-Rio, Rio de Janeiro, 2001.

SANTOS, Beatriz Rosa Pinheiro dos; PEREIRA, Erick Pacheli; DAMIAN, Ieda Pelógia Martins. Gestão da informação e do conhecimento e teoria da complexidade no contexto empresarial: um estudo no setor de comunicação e tecnologia. *Palabra Clave*, La Plata, v. 8, n. 1, out. 2018. Disponível em: https://doi.org/10.24215/18539912e060. Acesso em: 8 set. 2019.

SCHWAB, Klaus. *A quarta revolução industrial*. Trad. Daniel Moreira Miranda. São Paulo: Edipro, 2016.

SILBERSCHATZ, Abraham; GALVIN, Peter Baer; GAGNE, Greg. *Fundamentos de sistemas operacionais*. Trad. Adriana Cashin Rieche. Rio de Janeiro: LTC, 2004.

SIMON, Imre. MAC 339 Informação, comunicação e sociedade do conhecimento. Ementa de disciplina. Instituto de Matemática e Estatística (IME), Universidade de São Paulo (USP), 1999. Disponível em: http://www.ime.usp.br/~is/ddt/mac333/. Acesso em: 8 set. 2019.

TAN, Pang-ning; STEINBACH, Michael; KUMAR, Vipin. *Introdução ao data mining*: mineração de dados. Rio de Janeiro: Ciência Moderna, 2009.

VIEIRA, Nathan. Privacidade hackeada: filme da Netflix traz reflexão sobre privacidade online. *Canaltech*, 26 jul. 2019. Disponível em: https://canaltech.com.br/cinema/privacidade-hackeada-filme-da-netflix-traz-reflexao-sobre-privacidade-online-145023/. Acesso em: 8 set. 2019.

WEISER, Mark. The computer for the 21st century. *Scientific American*, v. 265, n. 3, p. 94-104, set. 1991.

WEISER, Mark. Some computer science issues in ubiquitous computing. Communications of the ACM, v. 36, n. 7, jul. 1993.

CAPÍTULO 5
A "TECNOLOGIZAÇÃO" DA VIDA E A FORMAÇÃO DE PROFESSORES[1]

Cynthia Maria Jorge Viana
Luciana Ponce Bellido

INTRODUÇÃO

Os últimos tempos apresentam desafios importantes para o entendimento dos impactos da tecnologia na vida das pessoas. A produção, reprodução e circulação das informações parecem ditar o ritmo da vida humana em um nível incomensurável. A rapidez e a disponibilidade das informações em qualquer tempo e lugar – seja esta informação, por exemplo, uma notícia sobre futebol e o último gol do campeonato regional; ou o nome do último ganhador de um *reality* de culinária; ou, ainda, as últimas notícias sobre mortes de adolescentes em comunidades periféricas de uma cidade grande; ou, quem sabe, a causa da morte de uma famosa cantora brasileira da era do rádio – fazem parte de um processo acelerado de busca, consumo e oferta de informação, mediado pela tecnologia e pelos meios de comunicação. Soma-se a isso a avassaladora rapidez com que se pode, por exemplo, acessar em uma plataforma digital de áudio, o último álbum de um artista de sucesso; ou, via aplicativos de smartphone, obter a rota mais rápida entre um destino e outro, controlar uma dieta rica em proteína, consultar o saldo bancário, ter o acesso às redes sociais, entre tantas outras atividades.

Aparentemente, todas essas e muitas outras atividades parecem estar absolutamente naturalizadas no cotidiano das pessoas. Porém, torna-se interessante pensar o

---

[1] Este texto parte de algumas considerações desenvolvidas na dissertação intitulada *A arte como historiografia do sofrimento: reflexões acerca da arte como conhecimento crítico da sociedade – elementos da participação subjetiva no processo de criação artístico em Theodor W. Adorno* (2010), de autoria de Cynthia Maria Jorge Viana, defendida no Programa de Pós-graduação em Psicologia (PPGPSI) da Universidade Federal de São João Del-Rei (UFSJ). Disponível em: https://ufsj.edu.br/portal2-repositorio/File/ppgpsi/Publicacoes/Dissertacoes/CYNTHIA%20MARIA%20JORGE%20VIANA.pdf. Acesso em: 5 out. 2020.

quanto a relação entre os homens e a tecnologia pode relegá-los às amarras ideológicas da sociedade industrial que embotam os sentidos, e o quanto isso pode reverberar na educação e na formação de professores.

É possível entender essa questão por meio dos estudos e análises de vários autores, inclusive a partir das contribuições dos autores da chamada Teoria Crítica da Sociedade da Escola de Frankfurt, especialmente Max Horkheimer (1895-1973) e Theodor Adorno (1903-1969). Tendo como influência o pensamento crítico alemão, esses pensadores[2] fizeram importantes estudos e tiveram, entre os anos de 1920 a 1960, uma extensa produção intelectual que demonstrou uma preocupação com as contradições sociais e uma crítica radical a uma racionalidade que nega e usurpa a vida dos homens. Esses autores se dedicaram à investigação e análise de assuntos acerca da sociedade, da cultura e da constituição humana. Nesse sentido, incluí-los na discussão sobre tecnologia e educação torna-se pertinente, inclusive para pensar tais temas a partir de conceitos elaborados por eles. Assim, o objetivo deste capítulo é pensar a educação e a formação de professores a partir das mediações da tecnologia.

TECNOLOGIA, IDEOLOGIA E EDUCAÇÃO

Quando se pensa em "tecnologização" – neologismo escolhido neste texto com a intenção de pensar a ação da tecnologia na "formatação" da vida humana –, é possível revelar as contradições da sociedade e o quanto esta pode se apresentar em sua mais bárbara versão, ou seja, como ideologia. Para Horkheimer e Adorno (1956/1973), o conceito de ideologia está intrinsecamente ligado ao movimento da sociedade, mais especificamente, à existência de uma sociedade industrial organizada e desenvolvida, que tem como base a divisão social do trabalho. Para os autores, o movimento histórico do conceito de ideologia dá indícios de uma sociedade antagônica, na qual é afirmada a harmonia em uma realidade contraditória que, por tal contradição, dificulta uma possível ruptura: o que é requerido, nesta sociedade, é a integração dos homens a esse estado de coisas e, como resultado, há a eliminação do novo ou, mais radicalmente, a eliminação da própria história como movimento e produção do ainda não existente. Essa ideia remete à essência da ideologia, que implica a ordenação da consciência dos indivíduos para que a sociedade fique ordenada. Como meia verdade – pois alguma organização entre os homens é solicitada para que o sistema objetivo, que é a sociedade, possa funcionar –, a ideologia liberal se alicerça na exigência de adaptação a uma base material opressiva. Nesse sentido, como justificativa de uma situação problemática e de opressão, a ideologia é a base de uma condição que não mais

---

2 Cabe ressaltar que Horkheimer e Adorno fazem parte do que se convencionou nomear de primeira geração da Escola de Frankfurt. Essa designação, Escola de Frankfurt, não parece ser uma autodenominação, embora possa ser destacada uma preocupação em comum destes e dos demais pensadores reunidos em torno do Instituto de Pesquisa Social, fundado em 1923, em Frankfurt, na Alemanha. A essa primeira geração de pensadores se somavam Herbert Marcuse, Walter Benjamin, Friedrich Pollock, Leo Lowenthal, Franz Neumann, Erich Fromm, entre outros.

deveria existir, mas que se mantém como algo falsamente necessário (HORKHEIMER; ADORNO, 1956/1973).

Nessa configuração, por meio da ameaça e do medo, os indivíduos sucumbem[3] à irracionalidade de um todo falso, que requer ajustamento e integração onde não há subsídios para relações que não sejam mercadológicas. Desse modo, torna-se fundamental buscar na crítica à cultura os aspectos que levam a humanidade a se especializar, por meio da técnica, na dominação e na barbárie. A crítica à ideologia, segundo Horkheimer e Adorno (1956/1973), deveria situar-se na negação do que há de irracional nesse esquema, deveria estar na formulação de ideias que negam a sociedade por meio do pensamento: "[...] a crítica ideológica, como confronto da ideologia com a sua verdade íntima, só é possível na medida em que a ideologia contiver um elemento de racionalidade, com o qual a crítica se esgote" (HORKHEIMER; ADORNO, 1956/1973, p. 191).

Em uma sociedade altamente transparente, o excesso de informações e estímulos atrofia os sentidos, e, no escancaramento da ideologia, ocorre a obstrução do pensamento. Ao analisarem as mudanças históricas e estruturais do capitalismo, os autores afirmam que, em um determinado momento da história – no capitalismo concorrencial –, a ideologia ainda tinha alguma racionalidade; agora a contradição é visível, não há complexidade. A ideologia atual perdeu sua racionalidade; tornou-se uma irracionalidade que oferece aos homens a ideia de liberdade. Rebaixada à lógica do equivalente, a razão, diante do impedimento do pensamento, sucumbe ao progresso irrefreável da dominação e da técnica e torna-se um instrumento de reprodução das relações de poder.

Como irracionalidade que se legitima, a ideologia que prepondera na sociedade industrial pretende satisfazer necessidades administradas e, com isso, tampona os sentidos dos homens ao apresentar-lhes a aparência de terem suas necessidades reais satisfeitas. Embotados os sentidos, o homem moderno parece perdido em meio à incapacidade de ver seus desejos reais respaldados em uma cultura justa. A busca por um mecanismo que aplaque esse "sufocamento" reforça, para esses autores, o rebaixamento da capacidade de resistência. A razão reduzida à técnica, ou a razão instrumental, alimenta uma consciência que responde prontamente à adaptação e aos preceitos da ideologia da sociedade industrial (HORKHEIMER; ADORNO, 1956/1973).

Diante da universalização do consumo e também dos desejos, o que se revela é uma apatia e uma cumplicidade com a situação em que a humanidade se encontra. Revela-se também a relação de mediação e constituição recíproca entre as esferas subjetiva e objetiva. O ritmo que dita o compasso de todos e de cada um na manutenção dessa cumplicidade apática e da suposta gratificação dos desejos assenta-se na constatação de que esta é uma socialização naturalizada pela opressão e pela imediaticidade. O que impõe

---

[3] Na realidade, são levados a sucumbirem e a manterem relações objetivas de submissão, as quais também fomentam.

tal socialização opressiva enfraquece o fortalecimento da formação do indivíduo para o entendimento crítico deste estado de coisas. Com base nessa discussão, pode-se afirmar o rebaixamento do pensamento crítico, que leva à renúncia do esforço intelectual e do pensar em nome da facilidade e do instantâneo (MATOS, 2003). Isso diz respeito ao poder da técnica – que se refere não só a conteúdos moldados, mas também à formatação dos modos de pensar e de produzir a vida mediados pela tecnologia – que dita uma forma de relacionamento específica dos homens com a objetividade e com os outros homens.

Nessa perspectiva, a busca dos homens pela felicidade, por exemplo, volta-se a uma busca individual em detrimento de um esforço coletivo e universal para garantia de uma socialização mais humana. Dirigida para "fortalecer" um eu fragilizado e abstrato, a medida da felicidade se pauta: no culto ao corpo, pelo acesso e utilização de técnicas estéticas modernas e avançadas, que mais se aproximam de tentativas de enganar o tempo com o uso da tecnologia e de produtos especializados para o rejuvenescimento; na exacerbação da visão, sentido humano que está exposto a um mundo de muitas imagens padronizadas e pouco conteúdo; na eficácia e no sucesso – um exemplo dessa situação é encontrado, inclusive, na educação escolar formal, na qual, em muitas escolas, os estudos são concebidos como um meio para fomentar a competição entre os alunos e selar o mérito daqueles que estariam bem mais "preparados" para o mundo do trabalho. Além disso, a medida da felicidade parece pautar-se, pela técnica, na espetacularização, no imediatismo e no consumismo que, em muitos aspectos, acabam regendo a vida humana.

Diante dessa situação de passividade ativa, os sujeitos se eximem da responsabilidade de conduzirem a própria vida, e quanto mais o pensamento estiver rebaixado, mais a ideologia como mentira sedimenta a sociedade atual industrializada e espetacularizada. As imagens midiáticas representam colagens cuja função é bem específica: distrair o espectador que, passivo, recebe tudo com o máximo da atenção que ainda lhe resta. Segundo Matos (2003), na atualidade em que tudo se mostra, o estranhamento que o espetáculo trazia na Antiguidade é substituído pelo sensacionalismo. Em tempos outros, o espetáculo pressupunha valores ou virtudes que, transgredidos, causavam a ruptura com as explicações até então dadas, pois, em uma época em que tudo podia ser explicado e regulado, o escândalo aparecia quando havia um impasse que não se ancorava nas explicações existentes. O escândalo supunha normas construídas que serviam para comunicar o que poderia e o que não poderia ser. Hoje, por ser tudo tão escandaloso, intenso e breve ao mesmo tempo, o maior escândalo talvez deva ser a existência de muito pouco com o que se escandalizar (MATOS, 2003).

Na linguagem das mídias, digitais ou não, o sensacionalismo acaba tendo um impacto que se faz aparente: logo aparece outra imagem, outra notícia, outro acontecimento que, de tão instantâneos, logo caem no esquecimento. Se no mito da caverna[4]

---

4 Descrito por Platão (2000) no livro VII de "A República", o mito ou alegoria da caverna refere-se à condição de homens que, acorrentados desde a infância em uma morada subterrânea, tomam por realidade imagens que são projetadas na parede por meio da luz de uma fogueira que fica atrás deles.

as imagens levavam ao engodo, hoje as imagens veiculadas nas mídias embaralham a visão, o que torna quase impossível discernir realidade e ficção: tudo é extremamente real, extremamente realista para que se torne mais verdadeiro. As imagens, mesmo delirantes, substituem o real, e o delírio é uma justificação para a manutenção de uma relação com uma realidade que não existe. Quem cede ao delírio social objetivo compreende que, nesse estado de coisas, "[...] é preciso o absurdo para não se sucumbir à loucura objetiva. [...] Quem por precaução a ele se adapta, torna-se por isso mesmo um participante da loucura, enquanto só o excêntrico conseguiria aguentar firme e oferecer resistência à absurdidade" (ADORNO, 1951/1993, p. 175).

Esse modo de se relacionar com essa realidade, de certa maneira, dita o modo de produção da vida e da relação entre as pessoas. O rebaixamento da experiência, consequência disto, significa também o rebaixamento da formação – possibilidade de apropriação subjetiva da cultura – e da consciência, que fica obstada e impedida de realizar a síntese necessária à própria experiência e ao pensamento (ADORNO, 1959/1996). Nesse sentido, a sedução deste processo parece dificultar a experiência enquanto possibilidade de formação que, por meio da memória, liga o presente, o passado e o futuro. A memória, como presentificação do passado e exercício individual, é bloqueada pelo oferecimento a todo tempo e toda hora de objetos que parecem tomar corpo e vida independente dos indivíduos.

Sobre o fetiche da mercadoria e a reificação da consciência humana, Marx (1867/1988) já escrevia no final do século XIX; sobre a padronização e formatação dos produtos da indústria cultural[5] também já escreveram Horkheimer e Adorno (1947/1985) em meados do século XX. A partir do legado destes e de outros autores críticos, é possível dizer que o desenvolvimento dos nexos lógicos, históricos e sociais, que resultam nos tempos atuais, fomenta mudanças no modo de produção da vida e da subjetividade jamais vistos. Nesse processo, está presente cada vez em maior intensidade e com mais rapidez a tecnologia por meio da coleta, do armazenamento, da interpretação e da retransmissão das informações em um nível demasiado. Essa revolução tecnológica, midiática e eletrônica permite falar em internet das coisas e em velocidade e expansão de comunicação, além do aumento de realidade e da possibilidade de previsão, controle e monitoramento desta realidade.

Casas, automóveis, eletrodomésticos, telefones celulares e até mesmo escolas inteligentes já estão sendo pensadas e construídas em países ricos. Isso resvala também na relação entre professores e alunos. Para Zuin e Zuin (2016), "a comunicação onipresente entre os mundos físico e informacional, proporcionada pela internet das coisas, já suscita o repensar da forma como professores elaboram estratégias didáticas em relação ao modo como as informações serão apreendidas e aprendidas pelos

---

Tais imagens, sombras dos objetos reais, representam, para Platão, a separação entre o mundo das ideias – região superior, mundo inteligível e verdadeiro – e o mundo das aparências.
5 Termo cunhado por Horkheimer e Adorno (1947/1985) e que aparece na obra *Dialética do esclarecimento: fragmentos filosóficos*, principalmente no texto "A indústria cultural: o esclarecimento como mistificação das massas".

alunos [...]." (ZUIN; ZUIN, 2016, p. 765). Além disso, o desenvolvimento de tecnologias de informação e comunicação permite que salas de aula se transformem em palcos de transmissão online para pais preocupados e ávidos pelo controle de seus filhos. Em salas de aula com câmera de monitoramento, professores e alunos são transformados em personagens caricatos de um atualizado modelo panóptico.

Desse modo, a mediação do professor está submetida à "verdade" expressa pela imagem da câmera; ou, em outra situação, tal mediação submete-se aos smartphones, que prontamente são acionados pelos alunos, ali mesmo na sala de aula, à primeira dúvida sobre o conteúdo ministrado pelo professor. Segundo os autores, a cultura digital não permite esquecer nada. Assim, "caso haja quaisquer dúvidas em relação a qualquer tipo de assunto, basta digitar as palavras-chave nos mecanismos de busca que os algoritmos dos *softwares* do Google, por exemplo, se encarregarão de localizá-las imediatamente" (ZUIN; ZUIN, 2016, p. 768). Isso parece dizer sobre a decadência do esforço humano que se abstém da tarefa de memorização e se mantém quase em estado de dependência total da cultura digital. A sociedade atual – na qual é possível tecnologicamente lembrar-se de tudo – parece não permitir e suportar a angústia da dúvida; dúvida como possibilidade de estranhamento e busca pelo conhecimento.

Os meios comunicacionais, por meio de tecnologias eficientes e sofisticadas, funcionam de forma onipresente e remontam à possibilidade real de destituição da figura do professor. Assim, "[...] há uma ruptura significativa em relação à autoridade do professor, identificado como figura decisiva para o progresso formativo do aluno" (ZUIN; ZUIN, 2016, p. 766). Para Adorno (1968/2011), a mediação da autoridade é um ponto importante para a formação humana. A mediação passa pela autoridade, que, diferente de autoritarismo, não pode ser confundida e transvestida em disciplinarização, e nem esta em vigilância, posto que o que deve ser buscado é o conhecimento e a crítica ao que mantém e assevera tal disciplinarização e dificulta a emancipação. Ao se sucumbir ao poder exacerbado das tecnologias da informação e comunicação, não se incita o processo de consciência crítica sobre esta realidade. Nesta lógica, a crítica à cultura e a uma socialização pautada pelo exagero do uso da tecnologia poderia ser uma possibilidade de questionamento e resistência à exigência de relações imediatas e reduzidas à objetividade material e econômica, bem como relações esvaziadas de universalidade e humanidade. A busca pelo que legitima essas relações pode levar à denúncia de uma vida sem sentido.

Ao indicar os limites da tecnologia e sua força na vida das pessoas, obviamente não se apela, de forma romântica e nostálgica, ao retorno a um tempo histórico em que algumas tarefas hoje permitidas pela tecnologia eram apenas um sonho distante. Definitivamente, a humanidade encontra-se em um processo histórico que representa cada vez mais o aprimoramento técnico e tecnológico e a dependência dos homens a este. Várias áreas do conhecimento necessitam deste aprimoramento, especialmente o âmbito da saúde, o que permite o controle de algumas patologias e o avanço da ciência médica. Contudo, os efeitos destas transformações, ao impactarem o desenvolvimento de inúmeras áreas, resvalam na educação, como mencionado. Assim, o que parece razoável é pensar o quanto esse desenvolvimento pode produzir a coisificação da consciência ou a "tecnologização" da vida e qual a potencialidade da educação na conversão deste processo em conhecimento crítico da realidade. Ao trazer à lembrança o que historicamente não se deve esquecer, a educação deveria transformar a quantidade de informações disponíveis aos indivíduos por meio dos meios tecnológicos em conhecimento qualitativo e crítico sobre o presente, o passado e o que está por vir (ZUIN; ZUIN, 2016). A elaboração crítica sobre as condições objetivas pode ser uma possibilidade atrelada à educação na constituição de subjetividades não reificadas. Assim, na contramão da ideologia da sociedade industrial, a educação poderia mostrar-se como formação para a resistência. As informações deveriam ser, desse modo, um elemento para a formação; deveriam se transformar "[...] em experiências formativas amparadas por conhecimentos que permaneçam na consciência, a ponto de suscitarem a presença do ainda não existente" (ZUIN; ZUIN, 2016, p. 771).

A educação como produção do novo poderia ser a chave para um processo que leva a repensar a relação dos homens entre si, a relação destes com a objetividade e com a tecnologia, e a relação da tecnologia com as instâncias de mediação, inclusive com a própria educação, na qual a preocupação com a formação de professores deve ser constante.

UM OLHAR PARA A FORMAÇÃO DE PROFESSORES

A relação entre esta formação e a tecnologia requer ainda algumas considerações. No que tange, por exemplo, à utilização de recursos audiovisuais no contexto da sala de aula, poder-se-ia tomá-los exclusivamente como algo capaz de *suscitar a presença do ainda não existente*, do novo, a partir da noção de inovação, visto que iriam além do ler e escrever e acessariam uma totalidade corporal, ao proporcionar experiências a partir da visão, da audição, do tato. Entretanto, de forma geral, o emprego desses recursos tem, conforme Chauí (2018):

1. Colocado os estudantes em posição de passividade, ao serem receptores de tais recursos e não criadores, sem, todavia, abandonar a ilusão da atividade ou da participação deles.
2. Apresentado uma tendência a simplificar o conhecimento, às vezes até banalizando-o, ao privilegiar a diversão sobreposta ao conceito de trabalho como transformação da realidade.
3. Feito com que desaparecesse a concepção de conotação, visto que o sentido se mostra inteiramente dado, reduzindo a dimensão simbólica da cultura.

Além disso, vale a pena questionar: atende a quem e a quais interesses que a educação seja apenas mais um item da cultura de massa? Para quem vão os lucros, considerando que, atualmente, tem se vendido informações sobre os clientes para as empresas? Quais são os ganhos sociais e políticos desta prática? Tais questionamentos apontam para a importância de considerar a educação, os recursos tecnológicos e a formação de professores em um contexto ampliado, que extrapola o ambiente educacional – e se volta para a análise crítica das contradições da sociedade e o que a mantém como ideologia – e permite examinar o sentido da formação.

Diante dos questionamentos de Chauí (2018), pode ser acrescentada a discussão sobre a evolução histórica dos modelos de ensino e dos modelos de formação, traçando paralelos entre a teoria e a prática, a partir da contribuição de Altet (2000). Para essa autora, o modelo intelectualista, na Antiguidade, considerou o professor como um mestre que sabia e, por isso, não necessitava de formação, bastava o carisma natural que possuía. O segundo modelo se estabeleceu por meio da aprendizagem imitativa, em que um professor experiente transmitiria o saber-fazer, técnico, a quem estivesse ingressando no ofício. No terceiro modelo o professor teria como ponto de partida a racionalização científica, eixo central de atuação, saber e fazer docente. E, por fim, haveria um quarto modelo de formação, em que predominaria a dialética teoria-prática e em que o professor se constitui como um profissional que pensa sobre a sua prática, analisando-a a partir do contexto concreto em que a realiza. O Quadro 5.1 expõe esses modelos.

Quadro 5.1 Modelos de ensino e de formação

Modelo de ensino	Modelo de formação	Modelo de produção de saberes
Arte, carisma, dom, o mago, o mestre	Não são possíveis teorias	Não são necessários
Ofício técnico	Aprendizagem, saber-fazer por imitação prática; experiência prática-teoria	Investigação-ação; investigação experimental
Ciência aplicada, engenharia, tecnologia	Aquisição e aplicação de saberes – teórico-prática	Investigação dedutiva
Prática reflexiva, o profissional	Análise; reflexão na ação; resolução de problemas – prática-teoria-prática	Investigação indutiva-dedutiva

Fonte: adaptado de Altet (2000 apud ALTET, 1991).

A partir destes modelos entende-se a formação de professores como algo inseparável de um determinado campo teórico e do contexto histórico, social, cultural, político e econômico em que se estabelece. Além disso, e em concordância com Chauí (2018), a formação do professor pode ser compreendida pela "dicotomia" entre a abordagem humanista (*fim da educação*) e a abordagem tecnocrática (*meio da educação*). Contudo, cabe destacar que em ambas as perspectivas é possível tomar o ser humano como abstração, posto que em nome da humanidade, e com o poderio do aparato técnico, inúmeras atrocidades foram cometidas, como ao pretender transformar bárbaros (povos da África, Ásia, América Latina) em civilizados (cultura europeia). A formação também pode ser apreendida pelo processo de *conscientização*, em que o professor levaria os alunos à consciência (ou às luzes do conhecimento). A consciência seria trazida de fora para dentro, por aqueles que sabem àqueles que não sabem, o que, em si, também é algo contraditório e ideológico. Por outra via, a formação seria abordada por meio do reconhecimento da contradição de uma dada situação concreta e a percepção de impossibilidade de transformá-la, configurando assim uma "outra" consciência, "outro" discurso, "outra" prática, que poderiam revelar tal contradição.

Considerando isso, tornou-se importante aprender experiências normativas à formação de professores, sobretudo no que diz respeito às relações estabelecidas com os recursos audiovisuais, os quais estariam tão presentes na sociedade, porém, como mencionado, trariam elementos contraditórios no âmbito desta formação. Dentre esses, cita-se a posição já anunciada por Chauí (2018) sobre autoria e passividade, as relações com os conhecimentos e conteúdos e a concepção de conotação originária da cultura atrelada à "leitura" do mundo, numa relação perpassada pelo saber e a negação deste, por não ser possível modificá-lo, configurando um "outro" olhar.

Diante disso, assinala-se que na Diretriz Curricular Nacional, Resolução n. 2 de 2015 (BRASIL, 2015), a palavra tecnologia aparece sete vezes dentre as dezesseis páginas que compõem o documento. Nessas ocasiões, a tecnologia esteve atrelada à formação dos professores e ao processo de aprendizagem escolar dos alunos. Esse documento reitera a associação e o uso de recursos tecnológicos ao aprimoramento da prática pedagógica, além de atrelar a formação continuada à necessidade de acompanhar a inovação, o conhecimento e a ciência por meio da tecnologia. De fato, isso se faz necessário; porém, tão necessário e urgente é também destacar nas tecnologias da informação e comunicação aquilo que elas podem promover de passividade, de simplificação/banalização do conhecimento para configurar uma relação entre o que se sabe e o que se nega do saber.

Vale destacar que a formação de professores se realiza como um fenômeno complexo e se conecta a diversos elementos, muito além da tecnologia. Este texto se propôs a pontuar alguns eixos de discussão sobre essa relação, mas entende-se que há outros elementos formativos como exposto por Gatti et al. (2019) a partir das indicações propostas em diretrizes para a formação de professores, como a pesquisa, a capacidade de resolução de problemas, a compreensão do processo de construção de conhecimento, a articulação entre universidade e escola, o estudo das instituições para o estabelecimento de projetos que considerem características próprias de tais espaços, entre outros. Afinal, ser professor expande as relações apaixonadas, impostas, relegadas ou negadas da educação com as tecnologias. E, neste caso, cabe a pergunta: o que é ser professor?

Ao ser encarado o risco da experiência pedagógica a partir da contradição entre o que se sabe e o que se nega, parece ser possível reconhecer a contradição desses movimentos e, assim, sistematizar um "outro" olhar sobre as tecnologias e as relações com a educação, mais especificamente com a formação de professores. Esse processo inclui a necessidade de se fazer a crítica à ideologização e/ou à destituição da figura do professor, à mecanização do processo pedagógico e à formatação e "tecnologização" da vida. As experiências com tecnologias cada vez mais inteligentes não deveriam se sobrepor à experiência da universalidade da vida humana.

REFERÊNCIAS

ADORNO, Theodor. *Minima moralia*: reflexões a partir da vida danificada. Trad. Luiz Eduardo Bicca. 2. ed. São Paulo: Ática, 1993 [1951].

ADORNO, Theodor. Teoria da semicultura. Trad. Newton Ramos-de-Oliveira; rev. Bruno Pucci e Antônio A. Soares Zuin. *Educação & Sociedade*, Campinas, v. 17, n. 56, p. 388-411, 1996 [1959].

ADORNO, Theodor. A educação contra a barbárie. In: ADORNO, Theodor. *Educação e emancipação*. Trad. Wolfgang Leo Maar. 6. reimpressão. São Paulo: Paz e Terra, 2011. p. 155-168. (Original publicado em 1968. Palestra proferida em 1968).

ALTET, Marguerite. *Análise das práticas dos professores e das situações pedagógicas*. Porto: Porto Editora, 2000.

BRASIL. Conselho Nacional de Educação. Resolução CNE/CP nº 02/2015, de 1º de julho de 2015. Define as Diretrizes Curriculares Nacionais para a formação inicial em nível superior (cursos de licenciatura, cursos de formação pedagógica para graduados e cursos de segunda licenciatura) e para a formação continuada. Brasília, *Diário Oficial [da] República Federativa do Brasil*, n. 124, seção 1, p. 8-12, 2 jul. 2015.

CHAUÍ, Marilena. *Em defesa da educação pública, gratuita e democrática*. Belo Horizonte: Autêntica, 2018.

CROCHÍK, José Leon. Razão, consciência e ideologia: algumas notas. *Estilos da clínica*, São Paulo, v. 12, n. 22, p. 176-195, 2007. Disponível em: http://pepsic.bvsalud.org/scielo.php?script=sci_arttext&pid=S1415-71282007000100011&lng=pt&nrm=iso. Acesso em: 20 set. 2019.

GATTI, Bernardete Angelina et al. *Professores do Brasil:* novos cenários de formação. Brasília: Unesco, 2019.

HORKHEIMER, Max; ADORNO, Theodor W. Ideologia. In: HORKHEIMER, Max; ADORNO, Theodor W. *Temas básicos da sociologia*. Trad. Álvaro Cabral. 2. ed. São Paulo: Cultrix, 1973 [1956]. p. 184-205.

HORKHEIMER, Max; ADORNO, Theodor W. *Dialética do esclarecimento:* fragmentos filosóficos. Trad. Guido Antônio de Almeida. Rio de Janeiro: Jorge Zahar, 1985 [1947].

MAIA, Ari Fernando. Theodor Adorno e os conceitos de Ideologia e Tecnologia. In: CROCHÍK, José Leon et al. (org.). *Teoria crítica e formação do sujeito*. São Paulo: Casa do Psicólogo, 2007. p. 115-127.

MARX, Karl. *O Capital:* crítica da economia política. Trad. Régis Barbosa; Flávio R. Kothe. 3. ed. São Paulo: Nova Cultural, 1988 [1867]. (v. 1, t. 1)

MATOS, Olgária Chain Feres. Ética e comunicação: o problema do visível. *Inter-Ação*, Faculdade de Educação, UFG, Goiânia, v. 28, n. 1, p. 51-66, 2003.

PLATÃO. *A República*. Trad. Enrico Corvisieri. São Paulo: Nova Cultural, 2000. (Coleção Os Pensadores).

ZUIN, Vânia Gomes; ZUIN, Antônio Álvaro Soares. A formação no tempo e no espaço da internet das coisas. *Educação & Sociedade*, Campinas, v. 37, n. 136, p. 757-773, 2016. Disponível em: http://www.scielo.br/scielo.php?script=sci_arttext&pid=S0101-73302016000300757&lng=en&nrm=iso. Acesso em: 20 set. 2019.

CAPÍTULO 6
A TECNOLOGIA NA PROFISSÃO DA PSICOLOGIA: SUBJETIVIDADES MIDIÁTICAS

Simone Leão Lima Pieruccetti

INTRODUÇÃO

A tecnologia tem uma participação constante e intensa na vida de todos os seres humanos, sem distinção (crianças, jovens, adultos ou idosos), que, de alguma maneira, relacionam-se com as diversas formas de inserção tecnológica em suas vidas na atualidade.

Podemos citar inúmeras invenções que se tornaram essenciais no cotidiano desde o microscópio, o telex, o fax, o rádio, a televisão, câmeras, computadores, celulares, robôs, eletrodomésticos, equipamentos para área da saúde, entre outros; porém podemos dizer que um grande *boom* aconteceu a partir da implementação dos smartphones associada a uma facilidade impressionante de comunicação, e, com ela, todo o trabalho das mídias!

Dizemos, assim, que as mídias tecnológicas impactam, transformam e até mesmo determinam os modos de ser humano.

Os conteúdos estão cada vez mais específicos, objetivando um determinado público, e este público atualmente se configura a partir de uma perspectiva não mais passiva (pelo menos não de forma consciente) desses conteúdos.

A cada dia se torna mais difícil diferenciar os tipos de realidade, o que promove sentimentos ambíguos de angústia e excitação, tristeza e felicidade, aproximação e distanciamento, a velocidades surpreendentes!

Tem-se "tudo" compactado a um toque de distância: informação, programação, destinos, educação, bancos, pessoas, em verdadeiras interfaces interativas, de forma que o que antes era um meio de abstração hoje se transforma em socialização midiática.

Pretende-se com este trabalho chamar atenção para a importante influência tecnológica, em especial das mídias, nos seres humanos, com suas diversas formas de envolver, influenciar, direcionar, criar, e por que não dizer, "moldar" a conduta dos seres humanos. Evidencia-se, assim, a importância de uma inserção cada vez maior da psicologia, favorecendo um olhar reflexivo e crítico junto a temas que dizem respeito e afetam direta ou indiretamente seu objeto de estudo: os seres humanos.

A metodologia utilizada foi a pesquisa bibliográfica exploratória com o levantamento de referenciais teóricos já analisados e publicados em livros e artigos científicos sobre o tema abordado. O referencial teórico teve por base autores como Lévy, Santaella, Fischer, Cardoso, Castells e Bruno, que se dedicam ao tema.

O capítulo foi, intencionalmente, escrito levantando pressupostos teóricos variados da psicologia, finalizando com um pensamento analítico fenomenológico existencial, a fim de propor uma leitura aberta e que propicie uma reflexão sobre este fenômeno na atualidade.

DESENVOLVIMENTO

Nesta seção, discute-se o nexo entre o ciberespaço e a cultura. Em seguida, reflete-se sobre a produção da subjetividade por meio da mídia ativa. Por fim, trata-se do ser na mídia enquanto possibilidade existencial.

O CIBERESPAÇO CULTURAL

A internet se destaca como meio de comunicação que cria o ambiente virtual chamado de "ciberespaço". A inovação tecnológica de que dispomos hoje inicia seu curso de forma mais marcante durante o século XIX, com a transformação da comunicação de dígitos em binária, permitindo que por meio de uma única infraestrutura tecnológica todas as mídias pudessem ser produzidas.

Essa inovação permite que os sujeitos não sejam mais apenas passivos à informação, mas que também transmitam e criem conteúdos e se interconectem em âmbito global. Conforme Lévy (1999, p. 32): "[...] as grandes tecnologias digitais surgiram, então, como a infraestrutura do ciberespaço, novo espaço de comunicação, de sociabilidade, de organização e de transação, mas também novo mercado de informação e do conhecimento."

As novas formas de comunicação instantânea são consolidadas e ordenadas por computadores e internet, estabelecendo o ciberespaço como um lugar autêntico de maneira definitiva, proporcionando informações e relações culturais a velocidades não antes concebidas e fazendo do ciberespaço "um ambiente inconstante e virtual, no qual os dados se encontram em interminável movimento" (MONTEIRO; CARELLI; PICKLER, 2008, p. 1).

Esse lugar autêntico do ciberespaço não se estende, porém, aos conteúdos informados por meio dele, que, na falta do teor e rigor científicos, ressalta a importância da necessidade de criarmos uma cultura de consumo com um olhar crítico para todas as informações obtidas das mídias, não as descartando, mas analisando-as de forma complexa, com maior profundidade, pois, como bem disse Lemos (2002, p. 137), o ciberespaço "não é desconectado da realidade, mas um complexificador do real".

Ana Mercês Bahia Bock ressaltou quão forte e intensa é a presença dos meios de comunicação na vida de todos (crianças, jovens, adultos ou idosos) e a importância de se pensar sobre comunicação quando se estuda e se busca compreender o processo de construção da subjetividade (BOCK, 2009).

O ciberespaço é um novo território, onde se compartilham culturas diversas por meio da comunicação midiática. Nesse sentido, Fischer (2001) propôs que entendêssemos esse território midiático como produtor e não somente como veículo de discursos que "passam a existir 'realmente' desde o momento em que acontecem no espaço dos meios de comunicação" (FISCHER, 2000, p. 111), sendo responsável por forjar diferentes identidades, modos de ser, significados e subjetividades.

Para Fischer (2002), a mídia comunica-se atuando diretamente no aprendizado dos modos de existir, pois participa efetivamente da constituição de sujeitos e subjetividades, na mesma proporção em que produz saberes (imagens, significações, entre outros) que se dirigem a "educar" pessoas, seus modos de ser e estar na cultura em que vivem.

Podemos pensar na mídia como um veículo pedagógico-cultural,[1] devendo-se, assim, dar mais importância a todo o conteúdo, indo além das evidências, visto que a mídia se constitui como possibilidade de subjetivação aos indivíduos, produzindo modos de existência (FISCHER, 2002).

O ciberespaço midiático, esse território "virtual" que habitamos, criamos, aprendemos, comunicamos, manifesta-se como um modo de vida; como subjetividade;[2] como "uma expressão de nossa relação com as coisas, através da história" (CARDOSO Jr., 2005, p. 345).

A cibercultura prioriza o comportamento (verbal e não verbal) humano e a comunicação na realidade virtual passa a ser uma realidade atual do comportamento sociocultural, uma maneira de dar sentido à vida e ao mundo.

Segundo Castells (2000), os processos de comunicação formam as culturas e, complementarmente, as formas de comunicação, em sua totalidade, baseiam-se na produção e no consumo de sinais.

Essa cultura, segundo Santaella (2004), "[...] promove o indivíduo como uma identidade instável, como um processo contínuo de formação de múltiplas identidades, instaurando formações sociais que não podem mais ser chamadas de modernas, mas pós-modernas" (SANTAELLA, 2004, p. 51).

---

1 Maraschin (2003, p. 237) utiliza a expressão pedagogias culturais "para falar de agenciamentos sociais, que funcionam como dispositivos pedagógicos, para além dos muros escolares".
2 Para Foucault, subjetividade pode ser definida como um conceito que envolve postura e modo de viver. (CARDOSO Jr., 2005, p. 345).

A cibercultura[3] não está separada do humano em seu mundo; ela representa esse ser humano próprio, em seu tempo-mundo; suas relações construídas e constituídas, sua cultura, emergindo então esse "novo ser humano 'universal' cibernético-midiático", que, de certa maneira, recebe muitas vezes mais influência das mídias que dos antigos conhecidos socializadores: família e escola.

Para Lévy (1999), a ampliação do ciberespaço o torna universal e, inversamente, o mundo informacional fica menos totalizável. O universo da cibercultura não possui centro, sequer linha diretriz, o que transforma as condições de vida social. Trata-se, entretanto, de uma indeterminação desse universo, que assim procura manter-se (indeterminado). Isso porque novos nós da rede, das diversas redes em expansão constante, têm a possibilidade de se tornar produtores ou emissores de informações, sem previsibilidade, podendo, ainda, reorganizar, por si, parte da conectividade global (LÉVY, 1999, p. 111).

No que se refere ao desenvolvimento e aquisição de funções superiores (atenção, memória, percepção, pensamento), Vygotsky (1998) nos deixou relevantes contribuições que propiciam um entendimento maior de como as mídias com seus conteúdos impactam enquanto elemento social ativo a produção das subjetividades, com os valores sociais e modos de agir que transmitem como "ensinamentos" aos sujeitos contemporâneos (VYGOTSKY, 1998).

SUBJETIVIDADE MIDIÁTICA ATIVA

Os conhecidos meios de comunicação em massa tinham como característica a "retenção" da atenção do espectador de forma passiva, como se hipnotizado. O ser humano costumava, por exemplo, abstrair-se de situações problemas por momentos em frente à televisão.

Bulhões (2009), quando se referiu à arte cinematográfica, disse: "[...] a necessidade psicológica e universal de corrigirmos e ultrapassarmos imaginariamente os limites de nossa existência cotidiana é incitada por um aparato técnico que se dedica a tornar a ficção algo materializado em imagens sedutoras" (BULHÕES, 2009, p. 70).

Nessa afirmação, ele representou um público não interativo, um espectador ainda passivo, porém, como bem disse Thompson (2009), mesmo esse público não tendo como se manifestar direta ou indiretamente para o emissor, já não era considerado isento de interatividade, pois tais conteúdos "criam um certo tipo de situação social na qual os indivíduos se ligam uns aos outros num processo de comunicação e intercâmbio simbólico" (THOMPSON, 2009, p. 80).

---

3 Santaella (2003, p. 30) afirma que "a cibercultura, tanto quanto quaisquer outros tipos de cultura, são criaturas humanas. Não há uma separação entre uma forma de cultura e o ser humano. Nós somos essas culturas. Elas moldam nossa sensibilidade e nossa mente, muito especialmente as tecnologias digitais, computacionais, que são tecnologias da inteligência, conforme foi muito bem desenvolvido por Lévy e De Kerckhove".

Com o advento da interatividade (weblogs e webcams), o antigo expectador ganha voz e vez, e agora tem a possibilidade de criar seu próprio espetáculo e transmiti-lo inclusive na modalidade "ao vivo" de qualquer lugar do mundo e para qualquer lugar de nosso planeta! O indivíduo passa da tentativa de ingresso na mídia para a possibilidade de ser sua própria mídia, criando, assim, seu público (BRUNO, 2004).

O que se veicula por meio da mídia no mundo "virtual" pelos sujeitos se torna uma forma de produção da própria realidade, de sua existência e de como ele compõe sua subjetividade e socializa.

Segundo Bruno e Pedro (2004), as novas tecnologias midiáticas são: "[...] como um veículo que produz uma experiência, efetivamente vivida pelos indivíduos, [...] o ambiente mesmo no interior, do qual cotidianamente construímos, desconstruímos e reconstruímos nossas vidas" (BRUNO; PEDRO, 2004, p. 29).

Esta realidade produzida pela interação do real com o virtual tecnológico proporciona novas formas criativas partindo de uma combinação de real-fictício (não devendo ser confundida com artificialidade no sentido de inautenticidade), que proporcionam uma verdadeira "Sociedade do Espetáculo", como disse Guy Debord nos anos 1960, de maneira que, para que algo exista socialmente, deve ser transmitido pela mídia, assim como exige-se que seja em forma de espetáculo (DEBORD, 1997).

O que Pereira (2003) chama de era da alta visibilidade expressa bem a forma de produção contemporânea baseada numa intimidade pública exposta de si que amplifica para o sujeito "simples e comum" a possibilidade de visibilidade, e, com ela, uma requisitada condição de reconhecimento social e, por fim, de existência.

Conforme Ehrenberg (1995, p. 251 apud BRUNO; PEDRO, 2004, p. 14): "a convocação de um outro que nos olhe é um recurso para sair do fechamento privado; ela dá uma consistência às realidades psíquicas e as autentifica".

Imagina-se agora o poder que passou a deter um público que apenas assistia, podendo editar, produzir, pois "a tecnologia digital estende a função de selecionar e editar que era típica do produtor (a escolha do que ver e quando) para o usuário" (SANTAELLA, 2003, p. 146).

SER NA MÍDIA ENQUANTO POSSIBILIDADE EXISTENCIAL

Percorrendo os caminhos do pensamento fenomenológico[4] (*phenomenom* + *logos*) para refletir sobre o que se mostra, num movimento de *voltar às coisas mesmas*, com o intuito de compreender esses seres humanos "midiáticos", devemos evitar qualquer julgamento ou pré-conceito do que venhamos supor como artificial, pois não se pode contestar a realidade do que se apresenta no meio virtual até que outros fatos ou fenômenos se apresentem.

---

4 A fenomenologia tem por objeto as manifestações das coisas, como elas se mostram.

Se concebermos o ser que na mídia se apresenta, em completo estado de desconfiança quase "histérica" ou numa atitude de "ansiedade psicótica", supondo existências em fantasias como se fossem aparições fantasmagóricas, estaremos negando o curso do que já está dado e em movimento: o ser-com-a-mídia-tecnológica!

Fazendo referência ao que nos parece "falso", Heidegger afirma que: "[...] na significação de φαινόμενον[5] como aparência já está incluída a significação original (fenômeno: o manifesto) como fundamento da aparência" (HEIDEGGER, 2018, p. 105).

Em *Ser e tempo*, Heidegger (2018) trata do "estar-no-mundo" como um tipo de intencionalidade fundamental, visto que não se dá a um mero contemplar objetos, mas sim de realizar projetos e tudo o que isso implique como estrutura do cotidiano.

Este ser que se abre mediante a espacialidade de sua presença por meio das mídias e de seus recursos se desvela e se faz ver a partir de si mesmo como se mostre, em dado momento, sua essência o *ser-aí*. Enquanto se movimenta, busca compreender seu próprio ser – hermenêutica[6] –, que reside na verdade do seu *devir*. Para Heidegger (2018, p. 154), "um ser constituído em si mesmo pela extensão está cercado pelos limites extensos de alguma coisa extensa. O ente interior e a cerca são ambos simplesmente dados no espaço". E continua, afirmando que a "[...] recusa de uma tal interioridade da presença num continente espacial não significa, contudo, excluir em princípio toda espacialidade da presença. Trata-se apenas de deixar livre o caminho para se perceber a espacialidade essencial da presença" (HEIDEGGER, 2018, p. 154).

Sobre o devir, Deleuze (2010) afirma que o interessante é aquilo que se passa no meio e não o modo como se começa ou termina. É ali no meio que a velocidade é maior. Frequentemente, começar ou recomeçar do zero faz parte do sonho das pessoas. Elas carregam também o medo do lugar aonde irão chegar ou do ponto de sua queda. O autor nos convida a pensar em termos de futuro ou de passado, sendo que "[...] o passado, e até mesmo o futuro, é história. O que conta, ao contrário, é o devir: devir-revolucionário, e não o futuro ou o passado da revolução" (DELEUZE, 2010, p. 34).

Complementa-se, ainda, dizendo que o *Dasein*,[7] enquanto "lançado no mundo" cibernético-midiático, experimenta uma existência que não é apenas sua, mas de outros, pois *ser-no-mundo* (facticidade) é *ser-em-comum* e *ser-com-os-outros*, inseparável de seu *poder-ser* que a cada momento propicia a compreensão de si mesmo e do mundo em que vive, pois, segundo Heidegger (2018), "projetar é interpretar-nos, a nós, aos outros e ao mundo" (HEIDEGGER, 2018, p. 18).

É inegável que por meio da tecnologia o *Dasein* tem sua interação cibernético-midiática como possibilidade de ser ou de não ser si mesmo, pondo em jogo seu

---

5 Em tradução livre, o termo grego se refere a "fenômeno" (lê-se "faínómenon").
6 Descrição interpretativa do ponto de vista analítico existencial. "A fenomenologia do *Dasein* é uma hermenêutica na significação originária da palavra, que designa a tarefa da interpretação" (HEIDEGGER, 2018, p. 127).
7 *Dasein* é a manifestação do ser-no-mundo, para compreender o lugar onde emerge a questão do ser, bem como o lugar de sua manifestação.

próprio ser; interpretando-se e questionando-se a todo instante; *dando-se* na temporalidade; apropriando-se na sua relação de ser no tempo, e tudo isso sendo possível na palma de nossas mãos. "É nesse dar-se como que cada mundo está propriamente à mão" (HEIDEGGER, 2018, p. 160).

Para muitos, essa possibilidade pode vir a ser um registro cibernético de si neste mundo, o que Foucault (2006) chamou de "escrita de si", referindo-se a uma forma de manter à disposição, de todos a quem interessar, os pensamentos, como na antiga Grécia, a fim de propiciar que o escritor fosse objeto de conversação consigo mesmo ou com os outros, numa hiperconectividade.

CONSIDERAÇÕES FINAIS

Para finalizar, ressalta-se a maneira como, por meio das tecnologias, em especial das mídias, somos desafiados constantemente a produzir algo com o que sabemos, ensinar, compartilhar, reinventar. Mostramo-nos como somos e em novas configurações de nós mesmos, o que não deixará de ser uma forma nossa de expressarmo-nos ou de representar a nós mesmos, garantindo assim a autenticidade, mesmo que, para muitos, ela ainda seja aparentemente superficializada.

Não se trata de se relacionar com esses avanços surpreendentes de maneira seccionada, distante ou indiferente, mas sim de se aproximar deles, no intuito de compreender melhor cada aspecto que se apresenta, de forma responsável e crítica, não esquecendo que por trás de cada tecnologia há um (ou vários) humanos – e dentre esses muitos psicólogos (por que não?), empenhados em seu trabalho de tornar um sucesso o que seja produzido.

É necessário lembrarmo-nos de um antigo e popular ditado que diz que "deve-se criar os filhos para o mundo" – não no sentido de ficarmos afastados deles, muito pelo contrário! Conhecendo o mundo é que preparamos nossos filhos para ele e, enquanto profissional de psicologia, é conhecendo e participando do mundo que se torna minimamente apto a acompanhar os que nos procuram em suas queixas e demais situações proporcionadas ou não pelo "espaço cibernético" que compartilhamos.

REFERÊNCIAS

BOCK, Ana Mercês Bahia. Abertura. In: CONSELHO FEDERAL DE PSICOLOGIA. *Mídia e psicologia*: produção de subjetividade e coletividade. 2. ed. Brasília: Conselho Federal de Psicologia, 2009.

BRUNO, Fernanda. Máquinas de ver, modos de ser: visibilidade e subjetividade nas novas tecnologias de informação e de comunicação. *FAMECOS*, v. 11, n. 24, 2004.

BRUNO, F.; PEDRO, R. Entre o aparecer e o ser: tecnologia, espetáculo e subjetividade contemporânea. *Intexto*, UFRGS, Porto Alegre, v. 2, n. 11, p. 1-10, jul./dez. 2004.

BULHÕES, Marcelo Magalhães. *A ficção nas mídias:* um curso sobre a narrativa nos meios audiovisuais. São Paulo: Ática, 2009.

CARDOSO Jr., H. R. Para que serve uma subjetividade? Foucault, Tempo e Corpo. *Psicologia: Reflexão e Crítica*, v. 18, n. 3, p. 343-349, 2005.

CASTELLS, Manuel. *A sociedade em rede*. São Paulo: Paz e Terra, 2000.

DEBORD, Guy. *A sociedade do espetáculo*. Rio de Janeiro: Contraponto, 1997.

DELEUZE, Gilles. *Sobre o teatro:* um manifesto de menos; o esgotado. Trad. Fátima Saadi, Ovídio de Abreu e Roberto Machado. Rio de Janeiro: Zahar, 2010.

FISCHER, R. M. B. Mídia e produção do sujeito: o privado em praça pública. In: FONSECA, T. M. G.; FRANCISCO, D. J. (org.). *Formas de ser e habitar a contemporaneidade*. Porto Alegre: Universidade/UFRGS, 2000. p. 109-120.

FISCHER, R. M. B. Mídia e educação da mulher: uma discussão teórica sobre modos de enunciar o feminino na TV. *Estudos Feministas*, v. 9, n. 2, p. 586-599, 2001.

FISCHER, R. M. B. O dispositivo pedagógico da mídia: modos de educar na (e pela) TV. *Educação e pesquisa*, v. 28, n. 1, p. 151-162, 2002.

FOUCAULT, M. Ética, sexualidade e política. Rio de Janeiro: Forense Universitária, 2006. (Coleção Ditos e Escritos, v. 5).

HEIDEGGER, M. *Ser e tempo*. Trad. Márcia Sá Cavalcante. 10. ed. Petrópolis: Vozes, 2018.

LEMOS, André. *Cibercultura:* tecnologia e vida social na cultura contemporânea. Porto Alegre: Sulina, 2002.

LÉVY, Pierre. *Cibercultura*. São Paulo: Editora 34, 1999.

MARASCHIN, C. Psicologia e educação: pontuações temporais. In: MARASCHIN, C.; FREITAS, B. de L.; CARVALHO, D. C. de (org.). *Psicologia e educação:* multiversos sentidos, olhares e experiências. Porto Alegre: Editora da UFRGS, 2003. p. 233-241.

MONTEIRO, S. D.; CARELLI, A. E.; PICKLER, M. A. A ciência da informação, memória e esquecimento. *Data Grama Zero*, v. 9, n. 6, dez. 2008. Disponível em: http://www.brapci.inf.br/index.php/article/view/0000005249/04389a22ec45e41fd6981a41ddab833f/. Acesso em: 24 set. 2019.

PEREIRA, C. A. Cultura do corpo em contextos de alta visibilidade. In: HERSCHMANN, M.; PEREIRA, C. A. *Mídia, memória & celebridades*. Rio de Janeiro: e-papers, 2003.

SANTAELLA, Lúcia. Da cultura das mídias à cibercultura: o advento do pós-humano. *FAMECOS*, v. 10, n. 22, 2003. Disponível em http://revistaseletronicas.pucrs.br/ojs/index.php/re%20vistafamecos/article/viewFile/3229/2493. Acesso em: 24 set. 2019.

SANTAELLA, Lúcia. *Corpo e comunicação. Sintoma da cultura*. São Paulo: Paulus, 2004.

THOMPSON, John B. *A mídia e a modernidade:* uma teoria social da mídia. 4. ed. Petrópolis: Vozes, 2009.

VYGOTSKY, L. S. *Formação social da mente*. São Paulo: Martins Fontes, 1998.

CAPÍTULO 7
EDUCAÇÃO PARA O MUNDO DO TRABALHO NA INDÚSTRIA 4.0

Juliana Alves de Araújo Bottechia

Cada pessoa deve trabalhar para o seu aperfeiçoamento e, ao mesmo tempo, participar da responsabilidade coletiva por toda a humanidade.

Marie Curie

INTRODUÇÃO

Nas palestras que tenho a oportunidade de realizar, costumo falar sobre a importância não só de nos ocuparmos do meio ambiente, enfim, do planeta que deixaremos para nossas futuras gerações, mas também – e até principalmente – de nos ocuparmos de que seres humanos vamos deixar no planeta. Naturalmente, então, considero também a importância de desenvolver a formação do profissional do futuro desde agora, pois, para deixar os melhores seres humanos possíveis para o planeta, é fundamental uma educação de qualidade social referenciada, em especial frente a mais uma revolução industrial.

Nesse sentido, a partir de um breve histórico, a proposta deste capítulo é localizar o mundo do trabalho no contexto da Indústria 4.0, bem como a formação profissional, mas procurando considerar ambos os fenômenos – o mundo do trabalho e a Indústria 4.0 – numa perspectiva marxista, a partir de um agente ativo e consciente de sua posição enquanto sujeito social, por vezes explorado, mas cada vez mais transformador do seu meio, o trabalhador, e, por conseguinte, o tipo de formação necessária para tanto.

A CULTURA DO MUNDO DO TRABALHO

Historicamente, o mundo do trabalho tem mudado, passando por revoluções transformadoras que conhecemos desde a época anterior à revolução industrial, quando o processo de produção deixa de ocorrer por meio da manufatura e passa, para o cenário da maquinofatura, ou seja, a produção, que até então acontecia de forma manual, e o trabalho realizado, que era produto da capacidade artesanal do trabalhador, com o desenvolvimento de máquinas, mesmo que simples, passam a ser responsabilidade destas.

Porém, com a revolução industrial ocorre uma profunda transformação no mundo do trabalho, a qual é estudada em três fases diferentes. Primeiramente na Inglaterra, com a substituição do trabalho artesanal realizado nas manufaturas pelo trabalho assalariado realizado com o uso de máquinas a vapor, particularmente na indústria têxtil. Posteriormente, na segunda fase da revolução industrial, ocorre a chegada da eletricidade e a era do aço na Europa de modo mais amplo (1860 a 1900), envolvendo mais países, em especial Alemanha, França, Rússia e Itália, principalmente em áreas da agricultura. Por fim, na terceira etapa da revolução industrial se dá o advento da tecnologia e dos computadores, que se expandem mundialmente (OLIVEIRA, 2004).

Simplificando, pode-se dizer que durante esses fenômenos do mundo do trabalho surgiu a classe operária, e uma série de regras e leis passaram a regular as relações trabalhistas. De certa forma, porém, em todas essas transformações esteve presente o receio dos trabalhadores de serem substituídos por estrangeiros ou por máquinas (especialmente a partir da década de 1980), e agora, na atualidade, isso não é diferente.

Para ilustrar melhor, recorro a uma fala de Marx (1984, p. 23), que, no século XIX, procurava explicar como "a força masculina se torna dispensável" com o uso de máquinas, pois seria possível utilizar "trabalhadores sem força muscular" (mulheres) ou até mesmo "com desenvolvimento corporal imaturo" (crianças), propondo que o trabalho de tais substitutos seria "a primeira palavra de ordem da aplicação capitalista da maquinaria".

E agora? Será que mesmo mulheres, crianças e os homens, toda a raça humana seriam dispensáveis na Indústria 4.0? Essas dúvidas acompanham as discussões acerca da indústria que apresenta hoje a principal particularidade de utilização da conectividade a fim de aumentar a eficiência, pois, no mundo da inteligência artificial (IA), grandes volumes de dados (*big data*), automação e tratamento estatístico na linguagem matemática dos algoritmos para a conectividade generalizada (internet das coisas), há um "salto quântico" quanto à qualidade, fortemente relacionado aos engenhos imateriais produzidos.

Portanto, deve-se também avaliar que a formação para o mundo do trabalho mudou, continua mudando e precisará mudar ainda mais para que os trabalhadores e trabalhadoras não precisem ser substituídos automaticamente. Senão, vejamos: um documento do Estado brasileiro (BRASIL, 2019) preconiza a IA como "uma tecnologia transformadora", por meio da qual será "possível gerar soluções ou sistemas disruptivos com potencial para: revolucionar como nós vivemos", ou seja, nossa forma de evoluir, comunicar, interagir, trabalhar, aprender, melhorar a qualidade de vida, "propiciar benefícios socioeconômicos para a sociedade, alavancar a prosperidade econômica e resolver grandes problemas que não tem soluções hoje", entre outras diversas aplicações atuais. Isso porque tal tecnologia, conhecida como IA, está presente no "reconhecimento facial, varejo, robôs, análise de crédito, saúde financeira, jurídica, indústria", e em um futuro breve estará presente em muitas outras situações. Frente a essas inovações, é imprescindível pensar a educação.

Contudo, Castioni (2015, p. 54) observa certa dificuldade brasileira em acolher experiências exitosas de outros países, uma vez que "[...] aqui, os estudantes têm de enfrentar uma extensão de conteúdos e um sistema que não dialoga com o mundo real, seja o da empresa, seja o das demais dimensões da vida humana." (CASTIONI, 2015, p. 54). Para ele, diferentemente do Brasil, outros países como a Alemanha estabelecem conexões entre o setor produtivo e a escola, pois há uma participação efetiva tripartite entre três poderes: o público, o empresarial e o sindical.

Esse autor faz referência ao modelo dual, um interessante protótipo em que a educação articula tempo de escola com tempo no trabalho. Essa articulação apresenta uma fórmula, uma possibilidade de aproximar a escola da realidade do sistema produtivo, por meio de ações que permitam ao estudante ampliar sua cultura, não apenas conhecendo suas características e pontos de melhoria, mas acrescentando as peculiaridades da região em que está inserido.

Castioni (2015) afirma que no Brasil não há essa conexão coordenada, mas que, se houvesse, ela poderia aproximar os jovens estudantes das situações de trabalho, contribuindo com uma formação para a cultura do trabalho. Ele reconhece, ainda, a existência da Lei da Aprendizagem, por exemplo, a qual, porém, se configura como uma ação mínima e que ainda não se efetiva na prática do mundo do trabalho para esses jovens, uma vez que o modelo brasileiro dual se caracteriza por estar desconectado das realidades. Em outras palavras, é como se os empresários e o próprio país apresentassem dificuldades em entender que as necessidades de mudanças também estão na estrutura educacional, para estabelecer uma dimensão significativa de diálogo com o mundo real.

Nesse sentido, Dewey (1979) já explicava nos Estados Unidos, na década de 1970, a necessidade de aplicar esse tipo de educação ao mundo do trabalho, devido ao rápido desenvolvimento de aptidões técnicas necessárias àquele país. Mesmo lá, contudo, esse modelo até hoje também não obtém experiências adquiridas nas relações sociais dissociadas daquelas adquiridas na escola. Portanto, há de se valorizar chamadas para pesquisa como a do Brasil (2019), mesmo que ainda não priorizem a formação para a nova revolução industrial, pois, ao contrário, a ênfase é apenas em áreas meio (quatro, a saber: Saúde, Agricultura, Indústria e Cidades Inteligentes). Apesar disso, já são um começo.

Então, como adquirir conhecimento, treinamento, preparo, toda a ciência, a cultura do mundo do trabalho frente à realidade futura, se na realidade diária está-se tão aquém? Uma possibilidade se encontra em entender por cultura o cultivar, ou seja, faz-se necessário que seja cultivada a cultura do mundo do trabalho no âmbito dessa

Indústria 4.0 desde a formação inicial dos seus profissionais quanto a um olhar mais objetivo, característico da formação especializada e ainda com um foco mais perene, inerente à formação continuada.

O MODELO DUAL: EDUCAÇÃO E INDÚSTRIA 4.0

Importa perceber que processos educativos se modificam de um modelo de produção para o outro a fim de atender a exigências do "mercado de trabalho". Nesse contexto mercadológico, a educação, enquanto construção cultural, corresponde tanto a uma função de prestação de serviço como à função de um produto comercializável, que, articulado ao termo "empregabilidade", leva o sujeito a encarnar tal cultura não só para se inserir socialmente, mas para permanecer "empregável" no dito mercado de trabalho. Para ilustrar, pode-se pensar nos seguintes enunciados, reproduzidos pelo senso comum: o que você vai ser quando crescer? Quando se formar, será alguém na vida! Boas notas vão trazer um bom emprego! Você é tão preparado que, certamente, será promovido!

Essa percepção de uma construção cultural da educação permite reconhecê-la como resultado das influências de uma sociedade individualista. A maneira como a tecnologia da comunicação tem sido utilizada, ao invés de reforçar a ideia da educação como um bem cultural e, portanto, coletivo e que por esse motivo o indivíduo acessaria as produções socioculturais de modo mais rápido e com maior intensidade, tem levado à maior atomização do sujeito e distanciamento do comunitário.

Dessa forma, as próprias empresas que buscavam aumento nos lucros passaram a investir em programas de qualidade total, com educação sobre a cultura da empresa, com ênfase em missão, lema e objetivos que, entre outras ações de formação, deveriam resultar em um maior índice de produtividade e, por consequência, realizando, de certa forma, o caminho de volta do plano do indivíduo para o social. Porém, trata-se de um social ainda capitalístico, pois as ações correspondem a uma padronização de comportamentos constantemente moldados dentro do paradigma da "máquina capitalística". As máquinas capitalísticas, por sua vez, são constantemente formatadas, e a modelização do padrão capitalístico faz do homem um ser maquínico, programável; e, da sociedade, um domínio do modo capitalista, fragmentado, modelado, desconstruível, instantâneo, volátil, ou, por outra linha de pensamento, líquido.

No entanto, não se pode negar que o fenômeno da Indústria 4.0 vem promovendo inúmeras e profundas transformações no mundo do trabalho nos últimos tempos, o que implica reconhecer que é nele que ocorrem diversos processos educativos. Por exemplo, quando o processo envolve colocar o conhecimento em prática, na complexidade que se constrói com as relações estabelecidas, a educação passa a ser determinante para a emancipação do trabalhador porque irá instigar novas formas de pensamento, favoráveis ao mundo do trabalho, visto que tais ambientes, em que se desenvolvem as forças produtivas, podem permitir ao jovem trabalhador se descobrir, profissionalmente.

Morin (1982) contextualiza a importância da ciência com consciência, com cultura, e compara a complexidade de relações que deveriam ser simples, como os textos dos especialistas de uma área para outra. Em sua opinião, os especialistas perpetram textos incompreensíveis para os que estão fora da cultura de quem os criou por princípio. Tais práticas servem para demarcação de território, tanto que o autor resgata, em uma entrevista, uma analogia sobre como as focas demarcam seus territórios com a micção (MORIN, 1982). Mesmo havendo evidentes exceções, fica essa lição: para o autor, educadores devem se ocupar de fazer com que os estudantes, futuros trabalhadores, sejam capazes de superar quaisquer territórios demarcados na era da revolução 4.0.

No entanto, analisando as dificuldades denunciadas por Castioni (2015), pode-se considerar que esse ideal ainda estaria distante, justamente porque o modelo dual brasileiro continua ocorrendo desconectado da realidade, sem aproximação entre o sistema que forma e as necessidades de formação para o sistema, para a sociedade. Com tal desequilíbrio entre a oferta de trabalhadores e a demanda do mundo do trabalho, outro fator agravante pode ser considerado o "caráter antidemocrático das relações de trabalho, em que a discussão da formação profissional não se faz presente, tornando essa tarefa ainda mais complexa" (CASTIONI, 2015, p. 58), pois as leis trabalhistas mudam, assim como têm mudado as relações sindicais e as discussões acerca das carreiras.

Agora, se alguns consideram como características da Indústria 4.0 a exigência de habilidade socioemocional e a criatividade, enquanto outros levam em conta a descentralização das inteligências, todos coadunam quanto à importância das competências tecnológicas em um mundo que não só produz grande quantidade de dados, mas também deve analisá-los e armazená-los. Assim, percebe-se que o ensino deve mudar sensivelmente para formar os profissionais do futuro. Nesse sentido, mudanças na Base Nacional Comum Curricular (BNCC), em especial para o ensino médio, principal responsável pela formação inicial do trabalhador da futura Indústria 4.0, deveriam contribuir para o novo papel de desenvolver as habilidades para organizar dados e tomar decisões, devido à criação dos itinerários formativos.

Castioni (2015) lembra que experiências alemãs podem contribuir com modelos e bons exemplos, inclusive no que tange à nova mudança disruptiva no parque industrial, e que é uma tendência pouco vivida no Brasil, como a perspectiva da conexão em rede pela internet.

Alguns exemplos que podem ser citados estão na área de energia, em que um equipamento monitora o consumo de energia das cabines primárias das empresas, enviam informações para a nuvem de dados do fabricante do principal *chip* e, desta plataforma, os dados são analisados, sendo coletados os que interessam. Uma vez interpretados por "engenheiros virtuais", pode-se atuar nos equipamentos conectados pela internet, auxiliando na tomada de decisão para autorizar quais as máquinas que serão retomadas, gradativamente, após uma falha no fornecimento de energia, por exemplo. Caso contrário, todas se ligariam, automaticamente, e a empresa seria multada por excesso na demanda energética.

Outras empresas, do ramo da educação, do mercado financeiro, entre tantas, também seriam exemplos, mas um caso específico se encontra nos modais de transporte, inclusive urbanos, como os trens e metrôs, em que sensores estão ligados ao controle dos freios e controlam os níveis de velocidade, por meio da leitura do circuito da via, e fazem o trem/metrô obedecer a uma rotina de cálculos programáveis. No teste, chegam à frenagem máxima, e o tempo e a distância de parada do trem se transformam em dados a ser comparados com os dados de outro teste, no qual o trem é carregado de sacos de areia para simular passageiros nas mais variadas situações, resultando em mais dados. Com uma base de dados tão grande, as informações precisam ser tabuladas para que possíveis padrões de tendências sejam traçadas. Assim, pode-se "ensinar o programa" a tomar decisões conforme o procedimento operacional.

Tais conexões se revelam como "megatendências", porque, hoje em dia, até mesmo as "coisas" estão conectadas (internet das coisas). Até certo ponto, porém, essa experiência ainda é desconhecida para a maioria dos trabalhadores no Brasil. No entanto, pode-se dizer que o termo alemão "Indústria 4.0" também é usado para designar este processo de conexão dos produtos em uma cadeia logística dos produtos primários até os produtos finais.

Mas se o que está em pauta, na Indústria 4.0, é a conexão de produtos do processo produtivo, como serão as conexões entre os trabalhadores, responsáveis pelas etapas de produção do parque industrial? Afinal, esse é um grande desafio que se apresenta entre o convívio de gerações tão diversas para o trabalho colaborativo conectado com vistas ao sucesso do processo produtivo, sem esquecer do processo de formação dos indivíduos para o trabalho (ora em culturas individualistas e competitivas, ora em culturas colaborativas e articuladas), considerando o novo cenário da cultura das megatendências.

Não se trata apenas de uma formação técnica para o trabalho com as tecnologias de redes, softwares, processadores, nuvens, sensores integrados e outras possibilidades que vêm se apresentando como tendências em áreas consolidadas ou inteiramente novas, além de oportunidades de negócios. Apenas tal formação já representaria um grande desafio, mas a característica de inteligência descentralizada da Indústria 4.0 precisa de formação não só para criar produtos inteligentes, mas para criar cadeias que agreguem valor com rápida identificação, clara, precisa e a qualquer momento dos produtos inteligentes também articulados em rede, pois a disponibilidade dos dados e informações ocorrerá em tempo real.

Tal *big data* permitirá a conexão desses dados e informações mutuamente. Mesmo que hoje eles não possam ser interligados, essa possibilidade de conexões revela correlações das quais sequer havia conhecimento até agora, pois, seja pela inteligência artificial, seja pela tecnologia da identificação por radiofrequência ou outras possibilidades, agregam transparência a todo o processo e são uma outra face das mudanças disruptivas.

Tais mudanças são uma ruptura de modelos, uma mudança de paradigmas nos padrões de tecnologia já conhecidos, que talvez possa ser explicada recorrendo-se às mudanças paradigmáticas de Thomas Kuhn (1989), pensador do qual tomei conhecimento durante a elaboração de minha tese (BOTTECHIA, 2013). Kuhn classifica como revoluções científicas as mudanças de paradigmas para uma determinada comunidade que passa a rejeitar as regras e os padrões antes aceitos em favor de outros, sendo que na construção da nova teoria utiliza um conhecimento transformador com fundamento histórico e social.

Revisitar Kuhn (1989) pode contribuir para explicar o enorme salto que se anuncia com as mudanças disruptivas nos processos produtivos e, assim, justificar a pré-ocupação com uma formação para tal realidade, com profissionais de uma geração formando futuros profissionais de outra geração, para uma nova situação, sendo que há setores em que algum desses cenários produtivos já estão presentes, mesmo que ainda em fase de testes, para a fabricação de produtos que exigem a inserção de novas variantes, mas que exigem o *know-how*, o conhecimento prévio da área.

Outros desafios globais envolvem políticas entre empresas e suas representações de alcance mais amplo (associações, sociedades, câmaras de indústria e comércio, sindicatos) na criação de pressupostos para atitudes solidárias, que levem a novas perspectivas da posição de liderança no ramo e talvez possam juntar aos mais importantes desafios ampliar a rede de banda larga, proteger dados no mercado digital, desenvolver cooperação e competências-chave, bem como formar as pessoas.

Reitero a importância desse último item, pois muitas atividades serão realizadas por sistemas de informação, e também irão surgir novas atividades desafiadoras para o ser humano, que precisará programar algoritmos e analisar dados. Em outras palavras, além de organizar, precisará tomar decisões, sendo evidente uma mudança disruptiva também na formação, considerando também um sistema profissional de formação profissional ampliado e aperfeiçoado, atualizado para a futura realidade. Neste sentido, o modelo dual de formação apresentado por Castioni (2015) assume grande relevância.

Resumindo, algumas intervenções da Indústria 4.0 equivaleriam a contribuir para a produção e obter: aumento da produtividade; redução de custos; melhores chances contra a concorrência; programas de investimentos e modelos novos de negócios. Com a mudança disruptiva do modelo de produção fabril, recorrer a Kuhn (1989) reforça a ideia de que a formação precisa ser entendida como uma mudança paradigmática, pois os paradigmas da formação também precisam mudar, e muito.

O MUNDO DO TRABALHO E A EDUCAÇÃO PARA A INDÚSTRIA 4.0

Ao resgatar Kuhn (1989, p. 116) considero as revoluções ocorridas durante esse processo na perspectiva de "mudanças de paradigmas". Isto porque, a partir da interpretação desse autor, as crises surgidas num determinado sistema são possibilidades de revoluções, uma vez que podem atualizar ou até mesmo romper com os paradigmas estabelecidos. Ou seja, "uma nova tradição de ciência" não é obtida com uma articulação do velho paradigma em um processo cumulativo, mas sim com "uma reconstrução da área de estudos a partir de novos princípios". É, portanto, uma "reconstrução que altera algumas das generalizações teóricas mais elementares do paradigma, bem como muitos de seus métodos e aplicações", com a transição de um paradigma em crise para um novo.

Então, faz-se necessária uma reavaliação para ressignificar saberes e valores. É nesse sentido que retomo Freire (1987, p. 39), para explicar que, na transição de um paradigma em "crise" para um "novo", uma de duas hipóteses pode ocorrer: uma "reforma", que o autor classifica como uma articulação entre "o velho" e "o novo"; ou uma "ruptura", explicada como a desconstrução "do velho" e a reconstrução "do novo".

Em que pese a ideia de reformar, desconstruir ou reconstruir, Freire (1987, p. 39) defende que não estaria associada à questão da novidade ou do moderno, porque "é próprio do pensar certo, a disponibilidade ao risco, a aceitação do novo que não pode ser negado ou acolhido só porque é novo, assim como o critério da recusa ao velho não é apenas o cronológico".

Em paralelo, segundo Kuhn (1989, p. 90-91), crises político-sócio-educacionais (agudas ou não) provocam revoluções em resposta porque, quando mudam os paradigmas, mudam também as concepções de mundo, as quais podem ser consideradas como episódios capazes de afetar e influenciar a formação das futuras gerações e, consequentemente, toda uma sociedade. E quando termina a transição de um paradigma para outro?

Para Kuhn, o pai da ideia das "revoluções científicas", seria necessário um confronto, pois "inicialmente, experimentamos somente o que é habitual e previsto, mesmo em circunstâncias nas quais mais tarde se observará uma anomalia". Então, se por um lado a dificuldade se manifesta por meio da estrutura de uma resistência, por outro, "a novidade somente emerge com dificuldade contra um pano de fundo fornecido pelas expectativas" (KUHN, 1989, p. 90-91).

Talvez seja essa uma relação que possa ser estabelecida entre as revoluções paradigmáticas de Kuhn, que pensa nas "realizações científicas universalmente reconhecidas que, durante algum tempo, fornecem problemas e soluções modelares para uma comunidade de praticantes de uma Ciência" (KUHN, 1989, p. 13), e as mudanças disruptivas da Indústria 4.0, pois não precisam ser consideradas anomalias, uma vez que mentes jovens precisam continuar a existir. São "tão jovens ou tão novos na área em crise que a prática científica comprometeu-os menos profundamente que seus contemporâneos à concepção de mundo e de regras estabelecidas pelo velho paradigma [...]", e devem ter apoio, espaço para se desenvolverem significativamente e continuar a mudar o mundo com "saltos quânticos" (KUHN, 1989, p. 183-184) de polarização, em uma sociedade na qual os processos produtivos passam por problemas provocadores de crises e mudanças significativas.

Pode-se concluir, então, que sua proposição considera os paradigmas como um conjunto de crenças de um grupo para explicar o mundo. Kuhn acreditava que o grupo utilizaria os fenômenos e as crises como filtro para a percepção. Portanto, inovar, romper com o paradigma vigente e assumir um modelo mental correspondem a uma especificidade real. Uma realidade com uma idiossincrasia que amplia o processo que possibilita relacionar as transformações paradigmáticas da ciência, propostas por

Kuhn (1989), com as mudanças disruptivas atuais, conhecidas como era 4.0, emergindo novas peculiaridades desse construto humano.

E como seria atribuir à inovação pedagógica algo que se relaciona, fundamentalmente, com a expressão "ruptura paradigmática" e, ainda assim, com mudanças nas práticas pedagógicas, na práxis dos professores? Sobre este nível de inovação, Pacheco (2019, p. 57) ensina que: "[...] inovar é assumir um compromisso ético com a educação". É nessa perspectiva ética que a inovação pedagógica é aqui defendida, pois, como o autor afirma ainda, não se pode falar de inovação em educação se o paradigma da reprodução se mantém, se não for inédito, replicável, instituinte, independente, sustentável para a rede (na prática e de acordo com a legislação), fundamentado cientificamente e útil, contribuindo para que todos tenham direitos assegurados.

Para tanto, todos os participantes do processo educativo devem assumir esse compromisso ético, pois, se as sociedades estão em constante processo de transformação, transfazendo os paradigmas ora aceitos para os que necessitam de atualizações, e se essa construção se faz acompanhar de mudanças disruptivas no ensino conhecido como "tradicional", conclui-se que, segundo o fundador da Escola da Ponte (PACHECO, 2019), é cada vez mais necessário inovar com ética na educação, a fim de despertar o elã em aprender por toda a vida, pois o interesse em estudar é a chave que abre as portas para a aprendizagem.

Pensando na adoção de novas metodologias de ensinoaprendizagem,[1] para que sejam oferecidas com qualidade, em oposição às práticas pedagógicas tradicionais, as mudanças paradigmáticas devem romper com a manutenção de posturas reprodutoras de conhecimento e envolver um posicionamento crítico quanto a sua atuação em sociedade (BOTTECHIA, 2013, p. 60). No entanto, pode-se dizer que ainda hoje a escola não prepara nem para o enfrentamento de conflitos internos, nem para aqueles próprios da contemporaneidade e, estagnada no tempo, em vez de inovar, conserva algumas das características fabris, que mostram a evolução sob as perspectivas do "homem industrial" e da passagem do paradigma industrial para o pós-industrial (BOTTECHIA, 2013, p. 25).

Ao se utilizar o conceito do paradigma de Kuhn (1989) para a educação, pode-se ocupar das tarefas de formação humana como campo de investigação para problemas atuais como a fragmentação do conhecimento, por meio de temas obsoletos que levam o conhecimento a continuar fragmentado, esquecido e fadado a permanecer assim segmentado. Essa inadequação à dinâmica das transformações produzidas com os avanços sócio-técnico-científicos das mudanças disruptivas, aliada à crescente desigualdade entre os que conseguem ascender a uma educação adequada, levam a crises que urgem soluções.

Para Kuhn (1989), essas crises são episódios político-sócio-educacionais extraordinários, agudos ou não, pois estão também no cotidiano dos estudantes e provocam

---

[1] "Ensinoaprendizagem", escrito assim, junto, indica, resumidamente, uma indissociabilidade entre o ensino e a aprendizagem, cf. Santos e Bottechia (2018).

"revoluções" na ordem das expectativas científicas que vêm a contribuir com o desenvolvimento de capacidades nas futuras gerações, inclusive de profissionais. É certo que há profissões antigas que estão sendo extintas com o passar do tempo (não conhecemos hoje em dia os cubeiros[2] de antigamente, por exemplo) e com o desenvolvimento tecnológico outras mais poderão deixar de existir (por exemplo, o operador de fac-símile ou telefac-símile).[3]

Considerando como um advento a IA, há de se destacar a necessidade imprescindível do que há de humano para se desenvolver não só as capacidades, mas também as habilidades dos futuros profissionais. Para tanto, é fundamental o planejamento da formação profissional, bem como a atualização das metodologias ativas de ensino-aprendizagem, utilizadas para "o desenvolvimento do raciocínio lógico em resolver problemas e criar soluções que podem ser cultivados e implicam a compreensão de um mínimo necessário do conhecimento científico" (BOTTECHIA, 2013, p. 291).

Nesse sentido, Castioni (2015) também expõe possibilidades com a chegada da Indústria 4.0, considerando que algumas profissões transformar-se-ão e algumas talvez até deixem de existir, devido a esse movimento mundial. A evolução tecnológica exige profissionais mais capacitados para o entendimento de demandas das novas relações do trabalho e, além disso, das novas maneiras de relacionamento das pessoas. Serão necessárias atividades que envolvam o entendimento das inter-relações sociais e que possibilitem a difusão de "valores humanos consolidados por meio de atividades que levem o estudante a explorar o mundo que o cerca com atitudes pró-ativas." (BOTTECHIA, 2013, p. 291).

A Lei de Diretrizes e Bases da Educação Nacional (LDBEN) estabelece "metodologias de ensino e de avaliação que estimulem a iniciativa dos estudantes [...] organizadas de tal forma que ao final do Ensino Médio, o educando demonstre: domínio dos princípios científicos e tecnológicos que presidem a produção moderna" (BRASIL, 1996, art. 36). Ou seja, para os professores, "o grande desafio não é apenas preparar o estudante para exames, mas facilitar-lhes o desenvolvimento de competências que os preparem para agir de forma pró-ativa no mundo, por meio do poder dessa Educação" (BOTTECHIA, 2013, p. 291-292).

Considerando-se a era da internet das coisas, quando a conexão acontecerá também com máquinas (sejam robôs ou não), equipamentos, processos, há de se destacar as tecnologias voltadas à automação e à integração para realizar atividades repetitivas ou que exijam o uso da IA para ganhar eficiência.

Porém, para tanto, é inadiável que o currículo escolar viabilize um avanço significativo no contraponto à "taylorização do currículo", conceito criado no final do século XIX (SACRISTÀN, 2000, p. 82). A ideia de taylorismo objetiva uma administração

---

2   Cubeiros eram os fabricantes de cubas, ou louças sanitárias.
3   O fac-símile é uma edição nova (frequentemente de um livro antigo) que apresenta uma reprodução exata da edição original. Telefac-símile (ou simplesmente fax) foi o nome dado a um equipamento de última geração no final do século XX, que transmitia, instantaneamente, qualquer imagem exata de textos e/ou figuras. O operador desse equipamento, que foi um avanço incrível, já não existe mais nas estruturas organizacionais das empresas.

científica para o aumento da eficiência operacional de uma empresa, empregando técnicas que otimizam as tarefas desempenhadas, com a organização e a divisão de funções dos trabalhadores. Pode-se comparar essa ideia com as práticas de professores que dominam as dificuldades relativas ao tempo evolutivo dos alunos, mas que lançam mão da "taylorização do currículo", que seria como perpetuar uma educação reprodutora por meio da tecnificação da organização curricular.

Isso levaria a consequências para a reconfiguração da profissionalidade docente, ainda distante do que é preciso para superar formas de lecionar que reproduzem etapas de conhecimento já ultrapassadas, descontextualizadas, independentes dos significados atribuídos pelos estudantes. Para tanto, é preciso superar a dicotomia entre as funções do ensino médio, que oscila ora para o exclusivo preparo para o ensino superior, ora para a função profissionalizante.

Assim, a abordagem temática de conteúdos sociocientíficos pode ser uma práxis capaz de desenvolver uma posição crítica frente a toda inovação da comunicação e da cultura em tempos de *big data*, que também pode vir a contribuir para um posicionamento autônomo e empreendedor junto aos instrumentos que apresentam mecanismos de ensinoaprendizagem (BOTTECHIA, 2013). Nesse sentido, assim como a ética, a construção do processo de produção do conhecimento deve ocorrer por meio de diálogos contínuos.

É preciso que o processo de ressignificação tenha abertura, um princípio recontextualizador, interdisciplinar, de abordagem temática, que favoreça a criação de meios para romper com a inércia no ensinoaprendizagem, por meio de projetos atitudinais repletos de questionamentos e de tecnologias, a fim de estabelecer um caminho para a cultura das futuras gerações (BOTTECHIA, 2013). O professor, diante desse novo desafio, adapta-se ao atual contexto educacional com autonomia, atitudes críticas e flexíveis, que são requisitos de um profissional mediador e facilitador de aprendizagens. Pode, assim, contribuir para o desenvolvimento de valores humanistas e ações de autorrealização e realização social.

Portanto, o perfil profissional passa a exigir um amplo conhecimento filosófico, incluindo os paradigmas educativos, a fim de proporcionar embasamento para a utilização de variadas metodologias e recursos (BOTTECHIA, 2013, p. 292). Tal formação configura-se como requisito fundante para aprofundar conhecimentos não formais e incorporar novos, a fim de desmitificar o senso comum vigente da realidade do estudante, em sua comunidade.

Assim, investimentos na profissionalização pessoal – na formação continuada dos professores – são esforços que podem desenvolver multi, inter e transdisciplinarmente a práxis de forma consistente, mas não impositiva, embora tenda a impactar a formação estudantil, pois educação é uma chave capaz de fortalecer e pavimentar uma era de paz e cultura humanística, graças à possibilidade de construir junto aos estudantes, a fim de que contribuam proativamente para o futuro não só de cada um, mas da nação (BOTTECHIA, 2013, p. 392).

Com isso, espera-se criar movimentos que despertem, segundo Ikeda e Henderson (2005, p. 215), "a espiritualidade de cada indivíduo e que se empenhe[m] em dar poderes às pessoas – um movimento feito pelas pessoas e para as pessoas – pode tornar-se a força motriz da verdadeira reforma do mundo".

Essa relação entre educação e sociedade é explicada assim: "a educação detém a chave para a prosperidade ou para o empobrecimento da sociedade" (IKEDA; HUYGUE, 1980, p. 73). Refletindo a respeito, uma "Educação Humanística pode proporcionar a criação de pessoas capazes e realmente livres que contribuam para a paz" (IKEDA; HUYGUE, 1980, p. 73) porque a educação não deve absolutamente restringir-se às salas de aula, mas sim ser considerada como um empreendimento a ser realizado para toda a sociedade.

Para tanto, em tempos de IA, continua sendo importante o pressuposto da colaboração, o qual, recorrendo a Vigotsky (1989), representa a diferença entre o que o estudante pode fazer sozinho e o que é capaz de conseguir em colaboração dos outros, por meio da mediação do professor e do desenvolvimento de sua zona de desenvolvimento proximal (ZDP), sendo que, quando for provocado a expressar as suas conclusões acerca de determinado assunto, o conhecimento do estudante poderá adentrar um importante domínio: o da contextualização (BOTTECHIA, 2013, p. 295).

Ainda assim, tanto nessa "educação humanística" quanto, em especial, na IA, devem-se considerar os desejos das gerações de estudantes que os levam a ser e "agir como cidadãos humanos, éticos, autônomos, criativos, críticos, empreendedores, participativos, políticos, com o desenvolvimento de valores sociais sustentáveis" (BOTTECHIA, 2013, p. 392), mesmo que no enfrentamento de sua própria realidade. Que os levam a ser capazes de analisar e escolher com legitimidade estudantil uma "construção que levará os estudantes a solidificar alguns aspectos ou até a retificar outros, ampliando seu estágio de complexidade" (BOTTECHIA, 2013, p. 295), de maturidade.

Para reforçar essa ideia, recorre-se a uma citação de Vigotsky (1989), a fim de destacar que, ao exercer sua função de mediar o processo de ensinoaprendizagem (SANTOS; BOTTECHIA, 2018), é preciso que o professor proporcione apoio, de modo que os estudantes sejam capazes de aplicar um nível de conhecimento cada vez maior. Então, é necessário planejar aulas realmente inovadoras, que possibilitem a mediação, a interação com outros indivíduos e tecnologias, enfim, com o mundo.

HORIZONTES...

Após (re)conhecer que a fabricação industrial passou por três avanços fundamentais, revolucionários, vemos hoje que o estado da produção articulada em rede, com um sistema autônomo, inteligente, capaz de comandar a si mesmo, demonstra como é importante compreender que o futuro do mundo do trabalho também exigirá capacidades de comunicação mútua, para além de compreensão da integração entre objetos, inclusive os que até agora não tinham quaisquer componentes eletrônicos, mas que, devido aos progressos nos sistemas de sensores, irão agregar valor, por exemplo, com a produção conectada em rede, a grande quantidade de dados, a memória de produtos (dados de campo), a manutenção inteligente e a logística adaptável, entre outras possibilidades.

Esses sistemas podem ser utilizados, por exemplo, em ações do governo de incentivo ao desenvolvimento da rede tecnológica, combate à corrupção, agilidade na abertura de empresas, abertura do mercado financeiro via internet, melhorias dos modais de transporte e em diversas ações outras de empresas privadas para se conectar e analisar dados, a fim de conhecer melhor o perfil dos clientes, de investidores e da concorrência, prevendo o futuro.

Considerando a futura realidade que se avizinha, importa retomar que a educação precisa ser atualizada nas bases de uma formação dual para o mundo do trabalho, que se vislumbra na era 4.0 da inteligência descentralizada, crítica e colaborativa. Assim, o conceito de Ikeda e Huygue (1980) de educação humanística faz ainda mais sentido, pois consiste na ideia de que os estudos devem ser repletos de significados para os estudantes, a fim de que possam, além de alcançar êxito escolar, contribuir para a valorização da vida em sociedade. Tal sucesso, na perspectiva de criação de valores humanos para a sociedade, seria a própria felicidade, presente no futuro cenário da Indústria 4.0, que começa a se estabelecer como um mundo cada vez mais real do trabalho.

REFERÊNCIAS

BRASIL, Ministério da Educação. *Lei de Diretrizes e Bases da Educação Nacional* (LDBEN), Lei n. 9394/96. Brasília: MEC, 1996.

BRASIL, Ministério da Ciência, Tecnologias, Inovações e Comunicações. *Os Centros de Pesquisa Aplicada (CPA) em Inteligência Artificial (IA).* Disponível em: http://www.mctic.gov.br/mctic/opencms/textogeral/Os-Centros-de-Pesquisa-Aplicada-CPA-em-Inteligencia-Artificial-IA.html?fbclid=IwAR2JiQ-JlLSQd2yk1a5ykNWFKzq4mofOma_hwveHY1ui20HWWYCtGlnOGsM. Acesso em: 20 dez. 2019.

BOTTECHIA, J. A. de A. *O processo de produção da obra "Química & Sociedade" como inovação pedagógica para o ensino de Química.* Tese (Doutorado em Currículo e Inovação Pedagógica) – Faculdade de Ciências Sociais, Universidade da Madeira, Funchal, 2013. Disponível em: https://digituma.uma.pt/handle/10400.13/1077. Acesso em: 7 set. 2019.

CASTIONI, R. A educação profissional e tecnológica no Brasil: modelo dual desconectado? *Caderno do Observatório Nacional do Mercado de Trabalho*, São Paulo, DIEESE, v. 1, p. 41-60, 2015. Disponível em: https://www.dieese.org.br/livro/2016/cadernoObservatoNacionalVol1/ index.html?page=45. Acesso em: 10 de set. 2019.

DEWEY, J. *Democracia e educação*: introdução à filosofia da educação. São Paulo: Companhia Editora Nacional, 1979.

FREIRE, P. *Pedagogia do oprimido*. São Paulo: Paz e Terra, 1987.

IKEDA, D.; HENDERSON, H. *Cidadania planetária*: seus valores, suas crenças e suas ações podem criar um mundo sustentável. São Paulo: Brasil Seikyo, 2005.

IKEDA, D.; HUYGHE, R. *A noite clama pela alvorada:* um diálogo do oriente com o ocidente sobre a crise contemporânea. 2. ed. Rio de Janeiro: Record, 1980.

KUHN, T. S. *A estrutura das revoluções científicas.* 3. ed. São Paulo: Perspectiva, 1989.

MARX, Karl. *O Capital.* São Paulo: Abril Cultural, 1984. (v. 1, t. 2).

MORIN, E. *Ciência com consciência.* Lisboa: Publicações Europa-América, 1982.

OLIVEIRA, E. M. Transformações no mundo do trabalho, da revolução industrial aos nossos dias. *Caminhos de Geografia – Revista Online*, v. 6, n. 11, p. 84-96, fev. 2004. Disponível em: http://www.seer.ufu.br/index.php/caminhosdegeografia/article/view/15327/8626. Acesso em: 20 set. 2019.

PACHECO, J. F. *Inovar é assumir um compromisso ético com a educação.* Brasília: Vozes, 2019.

SACRISTÀN, J. G. *O currículo:* uma reflexão sobre a prática. 3. ed. Porto Alegre: Artmed, 2000.

SANTOS, M. L. C; BOTTECHIA, J. A. A. O uso da metodologia ABP no ensino de Ciências/Química com foco no ensinoaprendizagem. In: *Reflexões em Ensino de Ciências.* Ponta Grossa: Atena, 2018. v. 3, p. 208-214. Disponível em: https://www.atenaeditora.com.br/wp-content/uploads/2018/02/E-book-Ensino-de-Ci%C3%AAncias-Vol.-3.pdf. Acesso em: 18 nov. 2019.

VIGOTSKY, L. *A formação social da mente.* 3. ed. São Paulo: Martins Fontes, 1989.

Sobre os autores

ANDRÉ ACCORSI

Graduado em Engenharia de Produção pela Universidade de São Paulo (USP), mestre e doutor em Administração também pela USP. Trabalhou no setor Corporate do Banco Itaú e no Banco Central do Brasil durante 20 anos. Professor de Finanças na Pontifícia Universidade Católica de São Paulo (PUC-SP) e na Escola Superior de Propaganda e Marketing (ESPM-SP). Coordena o curso de Administração da Faculdade 28 de Agosto de Ensino e Pesquisa. Tem experiência e interesse nas seguintes áreas: finanças corporativas, estudos de viabilidade econômico-financeira, mercados financeiro e de capitais, tecnologia bancária e inteligência artificial.

CINTHIA OBLADEN DE ALMENDRA FREITAS

Engenheira civil pela Universidade Federal do Paraná (1985), mestre em Engenharia Elétrica e Informática Industrial pela Universidade Tecnológica Federal do Paraná (1990) e doutora em Informática Aplicada pela Pontifícia Universidade Católica do Paraná (2001). Professora titular da Pontifícia Universidade Católica do Paraná desde 1985, leciona no curso de Direito (Propriedade Intelectual; Direito e Informática; Direito Eletrônico) desde 2005. Ministrou aulas para os cursos de Ciência da Computação, Engenharia da Computação e Sistemas de Informação (1986-2014). Docente permanente do Programa de Pós-Graduação em Direito (PPGD) da PUC-PR (2005-atual). Foi docente permanente do Programa de Pós-Graduação em Informática (PPGIa) da PUC-PR (2001-2014). Perita judicial nomeada em diversas varas cíveis estaduais e federais em Curitiba, Ponta Grossa e Umuarama. Assistente técnico de diversos escritórios de advocacia em Curitiba (PR), São Paulo (SP), Maringá (PR),

Belo Horizonte (MG) e Vitória (ES). Perita avaliadora de imóveis para a Caixa Econômica Federal (CEF). Diretora acadêmica do Instituto Nacional de Proteção de Dados (INPD). Fundadora do "Direito Inteligente – Consultores Associados". Membro consultivo da Comissão de Inovação e Gestão da Ordem dos Advogados do Brasil – Seção do Paraná (OAB-PR).

CYNTHIA MARIA JORGE VIANA

Docente da Faculdade de Educação da Universidade Federal de Goiás (FE-UFG) na área de Psicologia da Educação. Doutora em Educação pelo Programa de Pós-graduação em Educação da Universidade Federal de Goiás (PPGE-UFG). Possui mestrado em Psicologia pelo Programa de Pós-graduação em Psicologia da Universidade Federal de São João Del Rei (PPGPSI-UFSJ). Graduada em Psicologia (Formação de Psicólogo e Licenciatura) pela Universidade Federal de São João Del Rei (DPSIC-UFSJ).

JULIANA ALVES DE ARAÚJO BOTTECHIA

Natural de São Paulo (SP), a professora doutora é apaixonada pela pesquisa sobre a formação docente em conexão com a realidade atual e futura. Leciona Química na Secretaria de Educação do Distrito Federal (SEEDF), sendo, além de mestre em Ciências da Educação, especialista em Ciências da Natureza, Matemática e suas Tecnologias (Universidade de Brasília – UnB), em Gestão Educacional (Universidade Estadual de Goiás – UEG) e Química (Universidade Federal de Lavras, UFLA). Fez doutorado em Educação pela Universidade da Madeira na linha de Inovação Pedagógica (UMa, Portugal), reconhecido pela USP. É licenciada e bacharel em Química pela Universidade Mackenzie (São Paulo, SP), entre outras atividades de ensino, pesquisa e extensão.

LUCIANA PONCE BELLIDO

Graduação em Pedagogia pela Universidade Estadual Paulista "Júlio de Mesquita Filho" (Unesp/Bauru). Mestrado e doutorado em Educação Escolar pela mesma universidade (Unesp/Araraquara). Docente da área de Didática e Estágio da FE-UFG.

LUIZ LAPA

Mestre e doutor em Educação pela UnB, Professor de Matemática da Secretaria de Educação do Distrito Federal (DF), gestor de Centro de Ensino Médio no DF, docente em instituições de nível superior, diretor acadêmico da Faculdade UniReal. Atualmente participa de grupo de pesquisas em Educação Ambiental e Ecologia Humana (GEPEAEH) pela Faculdade de Educação da UnB.

MARCELO BORDIN

Geógrafo, cientista político, mestre em geografia e doutorando em Sociologia. Pesquisador do Centro de Estudos em Segurança Pública e Direitos Humanos da Universidade Federal do Paraná (UFPR) e do Grupo de Pesquisa em Violência, Segurança e Justiça da Universidade Federal do ABC (UFABC).

MARCO ANTONIO GONSALES DE OLIVEIRA

Professor e pesquisador de administração de empresas, graduado, mestre e doutor pela PUC-SP. Atualmente, realiza pós-doutoramento em sociologia do trabalho no Instituto de Filosofia e Ciências Humanas da Unicamp.

MARIA IZABEL MACHADO

Graduação (bacharelado e licenciatura) em Ciências Sociais (2009), mestrado e doutorado em Sociologia pela Universidade Federal do Paraná (UFPR). Atualmente, como docente da UFG, desenvolve pesquisas na perspectiva pós-estruturalista e de gênero, sendo pesquisadora também das temáticas trabalho e economia solidária.

PAULO HENRIQUE SANTANA DE OLIVEIRA

Mestre em Gestão Organizacional e Inovação Tecnológica pela UFG. Membro do grupo de pesquisa Mutamba – Patrimônio, Políticas Públicas, Tecnologia e Sociedade (UFG). Pós-Graduado em Gerenciamento de Projetos pelo Centro de Ensino Superior de Catalão (CESUC). Graduado em Tecnologia em Sistemas para Internet pelo CESUC (2010) e graduando em Administração Pública pela UFG. Tem formação técnica em Programação de Computadores pelo Serviço Nacional de Aprendizagem Industrial (SENAI-GO). Atualmente é analista de Sistemas, coordenador do Centro de Recursos Computacionais (CERCOMP) da Regional Goiás/UFG, membro do Comitê de Tecnologia da Informação e conselheiro no Conselho Universitário (CONSUNI-UFG). É supervisor de curso no Instituto Tecnológico de Goiás (ITEGO) pelo estado de Goiás.

RODRIGO BOMBONATI DE SOUZA MORAES (ORG.)

Graduado em Ciências Sociais pela Faculdade de Filosofia, Letras e Ciências Humanas da USP (FFLCH-USP) e Administração pela Faculdade de Economia, Administração e Contabilidade da USP (FEA-USP), com mestrado em Administração (FEA-USP) e doutorado em Administração Pública e Governo pela Escola de Administração de Empresas de São Paulo da Fundação Getulio Vargas (EAESP-FGV). Professor adjunto da Universidade Federal de Goiás (UFG) e líder do Grupo de Pesquisa

Mutamba – Patrimônio, Políticas Públicas, Tecnologia e Sociedade, cadastrado no diretório do CNPq.

SIMONE LEÃO LIMA PIERUCCETTI

Graduada em Psicologia e pós-graduada em Psicologia Clínica; Psicologia Existencial Fenomenológica Humanista e Psicologia Jurídica. É professora, palestrante e presta atendimento clínico e *home care* (individual, casais e famílias).

GRÁFICA PAYM
Tel. [11] 4392-3344
paym@graficapaym.com.br